Mit dem Esel durch Mallorcas Bergwelt

Eine Pilgerwanderung in der Serra de Tramuntana

Jürgen Fock

mit Zeichnungen von Stefan Theurer

Impressum

© Text: Jürgen Fock

© Illustrationen: Stefan Theurer

© Coverbild: Anita Haas

© Karte: Consell de Mallorca

© Reisebuch Verlag 2019

Parkstraße 16

D-24306 Plön

Alle Rechte vorbehalten

Reisebücher in Print und Digital - Reisecontent

www.reisebuch-verlag.de

verlag@reisebuch.de

ISBN: 978-3-947334-28-5

Inhalt

Unsere Reise beginnt in Calvià	7
Nach Galilea	25
Von Galilea nach Vall de la Superna	38
Nachtlager vor der Kletterwand	57
Valldemossa	62
Die Ermitage Trinitat	72
Deià	85
Von Deià nach Sóller	91
Peps Finca	111
Der Barranc de Biniaraix	125
Vom Barranc de Biniaraix bis zum Gorg Blau	148
Zum Kloster Lluc	163
Im Kloster Lluc	180
Von Lluc nach Pollença	191
Von Pollença nach Port de Pollença	200
Von Port de Pollença zur Halbinsel Formentor	205
Die wilde Halbinsel Formentor	213
Das letzte Stück zum Kap	220
Am Ziel	224
Der Rückweg nach Calvià	230
Wieder in Pollença	237
Von Pollença nach Mancor de la Vall	249
Von Mancor de la Vall nach Bunyola	268
Ruhetag	281
Weiter nach Sobremunt	283
Der Endspurt nach Calvià	292
Anmerkungen zur Route	299
Die Helfer am Wegesrand	305

Wanderroute

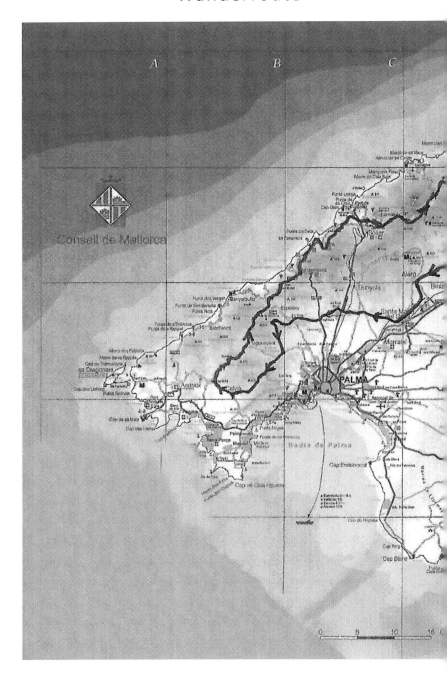

im Überblick

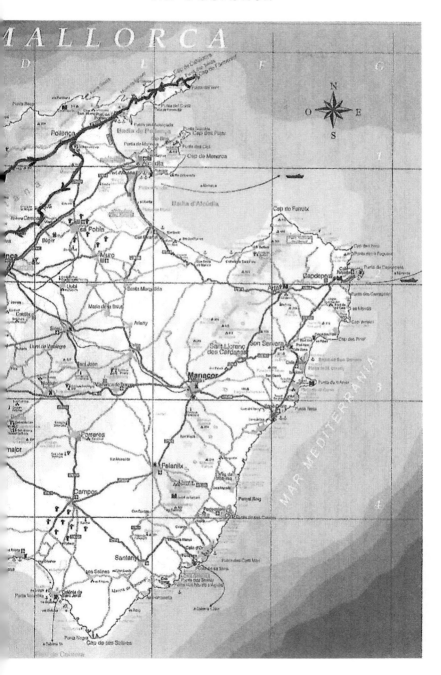

Unsere Reise beginnt in Calvià

Heute ist Dienstag, der 11. Juni, und endlich geht es los.

Die lange geplante Wanderung mit meinem Esel Paulo vom Dorf Calvià im Südwesten Mallorcas bis zum Kap Formentor im hohen Norden der Insel beginnt.

Wir wollen die Serra de Tramuntana in ihrer ganzen Länge durchwandern.

Diese zerklüftete Mauer mit ihren Gipfeln von zum Teil über 1400 Metern Höhe.

Eine gewaltige Barriere, die die fruchtbaren Ebenen im Inselinneren, den Raiguer und den Pla, vor den starken Winden schützen.

Bremst den Nordwind, den Mestral und den Nordwestwind, den Tramuntana.

Der Tramuntana führt schon in seinem Namen, von woher er kommt.

Von hinter den Bergen, „tras sa muntanya in Mallorquin".

Die Idee zu dieser langen Wanderung hatte ich schon länger gehabt.

Aber wie es so ist mit großen Unternehmungen. Sie brauchen oft etwas mehr Zeit, um realisiert zu werden.

Vieles ging mir die letzten Tage durch den Kopf.

Habe ich nichts vergessen?

Wird es alles so einfach gehen, wie ich es mir vorgestellt habe?

Außer in Galilea, gleich am ersten Tag unserer Wanderung, und in Port de Pollença, sind wir nirgendwo angemeldet.

Jeden Nachmittag oder Abend müssen wir einen neuen Lagerplatz suchen.

Werden wir mit der Polizei oder einem Grundbesitzer Ärger bekommen, wenn wir unser Lager aufgeschlagen haben, wo es nicht erlaubt ist? Wo man uns nicht haben will.

Camping auf Mallorca ist, bis auf wenigen ausgewiesenen Plätzen, verboten.

Diese Plätze, außer der beim Kloster Lluc, liegen leider nicht an unserer Route.

Wir müssen biwakieren. Ein Zelt darf nicht aufgestellt werden. Ich muss unter freiem Himmel schlafen. Das ist nicht ausdrücklich verboten.

Täglich einen geeigneten Platz für ein Nachtlager zu finden, ist daher meine Hauptsorge.

Sind wir fit genug?

Würde Paulo durchhalten? Würde ich durchhalten?

Viele Wanderungen, auch über mehrere Tage bis nach Estellencs, haben wir schon gemeinsam unternommen. Immer ist alles gut gegangen.

Aber jetzt liegen ungefähr drei Wochen vor uns. Weit weg vom heimatlichen Calvià.

Kurzfristig in einer Notsituation auf nachbarschaftliche Hilfe zu zählen, ist nicht mehr möglich oder sehr unwahrscheinlich.

Ich bin aber von einem guten Ausgang und dem Erfolg der Mission überzeugt.

Guter Ausgang heißt: Wir erreichen das Kap Formentor und kommen auch wieder heil zurück nach Calvià.

Wobei ich erst nach der Ankunft in Formentor entscheiden will, ob wir den ganzen Weg wieder zurücklaufen oder ob ich einen Transporter bestelle.

Diese Option habe ich natürlich auch angedacht. Sollten wir aber noch über ausreichend Energie verfügen, werden wir auf jeden Fall zurückwandern.

Die Rückfahrt im Transporter ist nur für den Fall gedacht, wenn wir beim Erreichen des Kaps völlig am Ende sind mit unserer Kraft.

Meine Hoffnung ist, dass wir beide Strecken laufen können. Und ich bin mir da ziemlich sicher, dass wir auch das noch schaffen.

Natürlich wird es anstrengende und vielleicht auch kritische Momente geben.

Aber das gehört eben zum Reiseabenteuer dazu. Da müssen wir durch.

Langzeitwanderungen sind nie nur spaßig.

Immer ist ein großer körperlicher Einsatz gefordert. Doch dieser beständige physische Einsatz, die Anstrengung über Tage und Wochen, machen den Kopf erst frei und erzeugen dieses angenehme Gefühl einer gewissen Leichtigkeit.

Ein Gefühl, das sich erst nach einigen Tagen einstellt, wenn der Alltagstrott endgültig abgeschüttelt und zurückgelassen wird.

Ohne diese andauernde Anstrengung werden die Glückshormone nicht frei.

Wir sind nur eine kleine Wandergruppe. Nur zu zweit. Mein Esel Paulo und ich. Ersterer ein sechs Jahre alter stattlicher Wallach der einheimischen mallorquinischen Rasse. Er hat die Hauptlast während der Wanderung zu tragen.

Die Last in Gewicht, in Kilogramm. Viel ist es nicht für ihn. Um die vierzig Kilo braucht er nur zu schleppen. Bei seiner Größe könnte er gut das Doppelte tragen.

Der Zweite der Gruppe und Reiseleiter bin ich. Derjenige, der die Verantwortung trägt. Meine Last.

Dazu trage ich aber noch einen kleinen Tagesrucksack. Viel ist nicht drin. Wasser, Knabbereien, T-Shirt zum Wechseln und ein paar Kleinigkeiten, die man immer dabei haben sollte, wenn man unterwegs ist.

Ich trage diesen Rucksack eher aus dem Grund, dass mir keiner vorwerfen kann, der arme Paulo muss alles alleine schleppen...

Solche Kommentare am Wegesrand von Wanderern und Spaziergängern habe ich mehrmals aufgeschnappt.

Auf einigen Etappen will mein Wanderfreund Jan uns begleiten. Er steht aber noch im Berufsleben und kann daher nur an den Wochenenden mitkommen.

Die meiste Zeit werden Paulo und ich alleine unterwegs sein.

Das also ist die kleine Gruppe, die sich an diesem sonnigen Vormittag im Juni in Calvià aufmacht, die mallorquinische Bergwelt zu durchwandern.

Der Morgen war etwas hektisch. Wie es eben so ist am ersten Tag und am Beginn einer längeren Reise.

Der Kofferraum meines alten AUDIs ist vollgepackt, und das muss jetzt alles platzsparend in die beiden Tragetaschen verstaut werden. Und einiges kommt noch obendrauf und wird dort angehängt und festgezurrt.

Zwar hatte ich ein paar Tage vorher schon einmal ein Probepacken vorgenommen, aber nun ist wundersamer Weise noch mehr dazu gekommen an Ausrüstung.

Paulo hole ich von seiner Weide, direkt unterhalb vom Friedhof in Calvià. Zuerst erhält er aber seine Morgenration. Sein Frühstück. Ein Kilo geschroteter Mais. Auf dem Esselland ist die Vegetation bei der fast vierundzwanzigstündigen Beweidung durch die drei Esel ziemlich ausgedünnt. So müssen wir jeden Tag zufüttern.

Besonders Paulo braucht eine solide Grundlage. Er wird heute mehrere Stunden als Tragetier gefordert.

Ich hatte schon einen *Café con leche* zusammen mit meiner lieben Nachbarin Anita im Can Garrit im Dorf getrunken. Anita ist später während der Wanderung einer meiner wichtigen Logistikpartnerinnen. Ohne sie wäre nicht alles so glatt gelaufen.

Die Verabschiedung Paulos von seinen beiden Freundinnen, den kleinen Eselinnen Jacky und Karina, ist wie immer kurz und ohne viel sentimentales Beiwerk.

Keiner der Langohren ahnt auch dass es diesmal eine Verabschiedung für mehrere Wochen ist. Die beiden Eselinnen laufen an der Innenseite am Zaun entlang, soweit es geht, um uns zu begleiten. Alles wie immer. Schon Routine.

Am Zaun der Nachbarin bleiben sie zurück, und wir gehen den steinigen Weg alleine zum Auto, um mit der Beladung von Paulo zu beginnen.

Ein harter Job, der da auf mich wartet.

Zuerst einmal wird Paulo ordentlich gebürstet. Keine kleinen Steinchen oder andere feste Teile dürfen im Fell versteckt bleiben, die ihm nachher mit der Last auf dem Rücken lästige Scheuerstellen verursachen könnten. Paulos Fellpflege ist eine wichtige Aufgabe jeden Morgen vor dem Aufpacken. Er zeigt, wie sehr er es genießt an seiner totalen Stillhaltung während der Bürstenprozedur. Sein Kopf hängt dabei etwas herab, und die Lippen sind leicht geöffnet.

Ein kurzes Auskratzen und eine Kontrolle der Hufe kommen noch hinterher und die Packarbeit kann beginnen.

Als erstes kommen zwei dicke Decken auf Paulos Rücken als Polster, um den Druck der Last etwas abzumildern. Darüber und um seinen ganzen Leib herum dann ein dicker, breiter Ledergurt, den ich ordentlich stramm anziehen muss. An ihm werden die beiden Tragetaschen fixiert.

Liegen die beiden Decken gut an und ist der Gurt fest angezogen, lege ich die Tragetaschen auf. Schwere, solide verarbeitete Teile aus baumwollenem Segeltuch.

Die habe ich vor Jahren ganz preiswert bei einem spanischen Pferdeausrüster im Internet gekauft. Ein guter Kauf.

Jetzt beginnt das Verstauen unserer Ausrüstung und von Paulos Körnerfutter.

Dabei muss ich auf eine ausgeglichene Gewichtsverteilung achten.

In beide Taschen muss ungefähr das gleiche Gewicht liegen. Nicht, dass Paulo nachher mit Schlagseite läuft.

Bei der ganzen Beladungsprozedur schiebe ich ihm regelmäßig eine Algarroba, eine Johannisbrotfrucht ins Maul. So ist er beschäftigt. Die Johannisbrotfrüchte sind stark zuckerhaltig, und Paulo liebt sie über alles. Zuviel dürfen Esel davon allerdings nicht essen. Sonst schadet´s der Gesundheit.

Bei der Beladung komme ich ganz schön ins Schwitzen.

Als ich damit fast fertig bin, trifft Loli ein. Eine gute Freundin seit über zwanzig Jahren. Sie wird auf den ersten Kilometern dabei sein. Loli hat Paulo und mich schon auf etlichen Wanderungen begleitet und so will sie sich den Beginn unserer langen Wanderung nicht entgehen lassen.

Anita und Maria-Antònia kommen ein paar Minuten später dazu.

Maria-Antònia hatte ich im Jahr vorher beim Mallorquin Sprachkurs kennengelernt.

Sie hatte in der staatlichen Sprachenschule die Anmeldungen entgegengenommen und uns Schülern oft geholfen und uns animiert, wenn die Lernlust nachließ.

Nach der Beendigung des Kurses halten wir noch eine freundschaftliche Verbindung, und sie hat sich kurzfristig zur Verabschiedung angemeldet, als sie von meinem Vorhaben hörte. Auch wenn man sich mit manchen Bekannten nur sporadisch trifft; sind außergewöhnliche Ereignisse geplant, sind sie wieder dabei.

Kevin, der englische Besitzer vom Eselland und den beiden Eselinnen Jacky und Karina kommt mit seinem Auto angefahren.

Fernando, ein Nachbar mit großem Grundstück, bei dem Paulo gelegentlich grasen darf, gesellt sich auch noch dazu.

Das vormittägliche Abschiedskomitee vergrößert sich.

Die leidige Packerei ist endlich fertig. Mein T-Shirt ist völlig durchgeschwitzt.

Die nächsten Wochen muss ich mindestens zwei Mal am Tag diesen Packjob machen.

Fast anstrengender als die ganze Lauferei.

Es gibt noch ein paar unvermeidliche, natürlich gut gemeinte, Tipps und Ratschläge von unserem Verabschiedungskomitee und dass wir ja vorsichtig sind unterwegs.

Na, was man so beim Abschied sagt.

Wir gehen auch nicht auf Weltreise und spätestens in zwei

Wochen wollen wir uns alle zum Feiern beim Leuchtturm am Kap Formentor treffen.

Adios amigas y amigos. Wir wollen los.

Erstmal laufen wir jetzt in die entgegengesetzte Richtung.

Wir müssen zum Rathaus von Calvià. Dort wartet meine Wanderfreundin Mika auf uns, um einen Stempel in mein kleines Tagebuch zu drücken.

Hier beim Start in Calvià gibt es jetzt den ersten Stempel.

Wo immer es möglich ist während der Reise, werde ich um einen Stempel bitten.

So ähnlich wie die *Credencial* auf dem Jakobsweg. Damit ist die gewanderte Route dokumentiert.

Mika arbeitet im Rathaus von Calvià, und wir haben verabredet, dass wir uns zu ihrer Kaffeepause dort zwischen der Bar Can Pau und der Treppe zum großen Amtsgebäude treffen.

Wir kennen uns seit einigen Jahren und sind viele Kilometer zusammen gewandert. Auch sie liebt die freie Natur, ist eine gute Vogelkennerin und dazu Mallorquinerin durch und durch. De ciutat. Aus Palma. So manchen café con leche oder Tasse Tee haben wir schon zusammen getrunken.

Und viele werden wir noch zusammen trinken.

Der Weg zum Rathaus dauert eine knappe Viertelstunde. Paulo will nicht so recht laufen. Ganz ungewöhnlich bei ihm.

Spürt er, dass wir etwas Großes vorhaben?

Nicht nur, wie so oft eine geruhsame Kurzwanderung auf den üblichen Wegen in der Umgebung von Calvià. Heute steht uns beiden etwas Bedeutenderes bevor.

Er ist ungewöhnlich unruhig, und ich muss ihn mehrmals mit deutlichen Worten zum Laufen bringen.

Ich rufe Mika an, dass sie uns ein bisschen entgegenkommen soll.

Dass wir die Verabschiedung nicht beim Rathaus vornehmen, sondern in der schmalen Carrer Vicente Chinchilla. Dann brauchen wir nicht die vielbefahrene Hauptstraße zu überqueren.

Sie verspricht mir, sie kommt uns entgegen.

Ein paar Minuten später treffen wir uns und die Abschieds- und Stempelzeremonie beginnt auf dem Bordsteig in der kleinen Straße.

Der Stempel ist aus der Bar Can Pau, der vielbesuchten kleinen Caféteria genau gegenüber der Rathaustreppe.

Toni von Can Pau hat seine Zustimmung zur Stempelnutzung für diesen hohen Akt gegeben.

Ein paar Arbeitskolleginnen von Mika haben die Gelegenheit genutzt, aus der Rathausroutine herauszukommen und sich dem Abschiedskomitee noch schnell angeschlossen. Kevin kommt auch wieder dazu. Er will sich wohl die Mädchen vom Rathaus einmal genauer ansehen....

Mika schreibt nach der Stempelung noch schnell ein paar liebe Worte in mein kleines Buch, in das ich ab jetzt kurze Notizen schreiben will.

Ich hatte mir das schöne Buch kurz vor vorher bei einem

Besuch in Hamburg gekauft. Es sieht mit dem vergoldeten Einband fast wie eine antike Bibel aus.

Am Ende habe ich nur wenig hineingeschrieben. Das Wenige, was ich notiert habe, aber mit viel Gewicht. Viele schöne Sprüche sind von den Leuten, die wir unterwegs getroffen haben, hineingeschrieben worden. Und etliche Stempel gab's auch.

Mika hat ein paar Meter gold-rotes, breites Stoffband mit den Farben der katalanischen *Senyera*, dabei.

Das Band soll Paulo später in Schleifenform um den Hals gebunden bekommen.

Das war so mit Xesc Sans, dem Präsidenten vom Kulturverein in Calvià, abgemacht.

Diese Verzierung an Paulos Hals hat uns möglicherweise so manche mallorquinische Tür geöffnet.

Das ist mir aber erst im Nachhinein bewusst geworden.

Ich wollte damit auch keine politische Botschaft herumtragen oder verbreiten.

Es war ein rein persönlicher Gefallen.

Die üblichen Fotos werden gemacht. Wie immer bei Verabschiedungen.

Paulo dabei wie meistens im Mittelpunkt. Die Rathausmädchen streicheln und tätscheln ohne Unterlass an Paulo herum. Er zeigt dabei eher wenig Emotionen.

Man könnte auch sagen, er lässt es mit eseliger Gelassenheit über sich ergehen.

Wir müssen los. Es reicht jetzt mit den Verabschiedungszeremonien.

Die Arbeit im Rathaus muss weitergehen, und wir wollen heute auch noch ein paar Kilometer laufen.

Besito links, *besito* rechts, und es geht los. Tränen fließen nicht.

Paulo, Loli und ich setzen uns in Bewegung.

Jetzt laufen wir auf richtigem Kurs nach Es Capdellà. Dort wartet schon das nächste Komitee mit Stempel auf uns.

Bei dem ganzen Hin und Her ist es fast elf Uhr geworden.

Paulo ist immer noch ein bisschen zögerlich mit dem Laufen. Häufig muss ich mit Nachdruck am Führstrick ziehen.

Heute müssen wir noch bis Galilea kommen, das schöne, kleine Bergdorf zwischen Es Capdellà und Puigpunyent. Es ist das am höchsten gelegene Dorf auf Mallorca. Gelegentlich fahre ich zum Kaffeetrinken dort hin.

In Galilea können wir auf dem Land von Freunden übernachten. Dort kann ich auch das Zelt aufbauen.

Ich rechne mit fünf Stunden Marschzeit inklusive unserer Mittagspause.

Am Ende war's eine halbe Stunde mehr. Die Pause unterwegs wurde etwas länger.

Loli läuft nur einen kleinen Teil der heutigen Strecke mit. Sie geht später alleine wieder nach Calvià zurück.

Wir laufen hinter dem Schwimmbad und den Tennisplätzen aus Calvià heraus und erreichen so nach kurzer Zeit den breiten Fußweg nach Es Capdellà.

Dieser Weg läuft parallel zu neuen Landstraße MA-1015.

Bei der offiziellen Eröffnung des Wanderwegs mit den örtlichen Politikern vor ein paar Jahren waren Paulo und ich auch dabei.

Das Laufen darauf ist angenehm. Man braucht nicht auf Autos und andere eilige Verkehrsteilnehmer aufzupassen. Keine Gefahr, übersehen und überfahren zu werden. Die Strecke ist für mich aber immer irgendwie langweilig. Eintönig.

Ich muss nur darauf achten Paulos Kot einzusammeln, falls er etwas fallen lässt.

Dafür habe ich immer eine kleine Schaufel und Plastiktüten griffbereit auf seinem Rücken befestigt. So drehe ich mich häufig um und kontrolliere, ob Paulo hier seine Spuren hinterlässt.

In flottem Tempo erreichen wir nach etwa einer Dreiviertelstunde Es Capdellà.

Der neue Fußweg endet ein paar hundert Meter vor dem Ortseingang, und wir biegen auf den *Camì des Conill*, dem Kaninchenweg, nach links ab.

Hier lasse ich Paulo ein paar Minuten grasen. Auch Loli und mir tut eine Verschnaufpause gut. Die Sonne ist schon ganz kräftig und auf der ganzen Strecke von Calvià bis hierher gibt es kein schattiges Plätzchen. Das gab das Budget des Rathauses in Calvià beim Ausbau der Straße und des Fußweges wohl nicht mehr her.

Ein kleines, einfaches Dach auf vier Pfeilern und eine Sitzbank darunter auf halber Strecke wäre keine schlechte Idee.

Solch´ eine einfache Schutzhütte würde den Fußweg um einiges aufwerten.

Während wir uns verschnaufen, hält plötzlich ein alter Landrover direkt neben uns. Xesc, der umtriebige Jungbauer und Präsident vom Kulturverein Calvià, springt heraus.

Er kommt von einer seiner Ländereien in Es Capdellà zurück und hat uns gesehen. Jetzt ist auch der Moment gekommen, das bunte Band an Paulos Hals zu binden.

Die Wanderung wird jetzt noch offizieller.

Es geht weiter.

Das nächste Stempelkomitee wartet bereits auf uns. Jürg und Petra wohnen seit vielen Jahren in Es Capdellà und dazu noch direkt an unserer Route. Sie erwarten uns mit Stempel und einem großen Eimer frischen Wassers für Paulo.

Wir reden ein paar Minuten. Petra drückt den Stempel in mein Buch. Eine Krake in grüner Farbe. Dazu schreibt sie noch „Viel Glück" hinein. Na, was brauchen wir mehr.

Wir setzen uns wieder in Bewegung.

Normalerweise halten wir in Es Capdellà immer vor dem kleinen Gemischtwarenladen schräg gegenüber der Kirche.

Bei Luis in seinem „Ultramarino" Laden lasse ich mir manchmal ein dickbelegtes Käsebrot schmieren. Das kann Luis gut.

Paulo binde ich dann solange am eisernen Treppengeländer unterhalb der Kirche an.

Von dort beobachtet er die Tür von Luis´ seinem Laden und wartet mit scharfem Blick und gespitzten Ohren, was für ihn abfällt. Meistens ein paar Möhren.

Heute ist mir aber nicht nach Käsebrot, und wir biegen hundert Meter vorher ab.

So umschiffen wir ein bisschen das Dorfzentrum und sind nach zehn Minuten durch den Ort und kommen bei der kleinen Schule wieder auf die Hauptstraße, auf die MA-1032.

Kurz danach verabschiedet sich Loli. Das ist für heute nun der letzte Abschied.

Paulo und ich laufen im flotten Schritt weiter. Seine Bockigkeit und Laufunlust wie beim Abschied von Calvià ist vergessen. Er ist jetzt der Wanderpartner, den ich brauche und mit dem ich gemeinsam die nächsten Wochen in der Serra verbringen werde.

Einen Platz für die Mittagspause und meine Siesta habe ich schon im Kopf.

Nach gut zwanzig Minuten erreichen wir den kleinen Platz am Weg der nach

Es Racò führt, einer kleinen Häuseransammlung, die noch zu Es Capdellà gehört.

Hier ist jetzt erstmal Schluss mit der Lauferei. Hier wird Rast gemacht. Schatten gibt es genügend. Fast der perfekte Lagerplatz.

Die ganze Last nehme ich rasch von Paulos Rücken. Ich werfe einfach alles unsortiert auf den Boden.

Paulo binde ich an einem Baum an. Darunter wächst genug Grünzeug, so dass er vorerst beschäftigt ist. Ich bürste ihm noch kurz das Fell. Er schwitzt ordentlich.

Der erste kleine Teil der langen Wanderung ist geschafft, und ich bin guten Mutes. Ich habe nicht mehr die geringsten Zweifel über den guten Ausgang des Abenteuers.

Manchmal muss man erst unterwegs sein, von zu Hause weg sein, so dass auch die letzten negativen Gedanken verschwinden.

Reisen oder noch mehr das Wandern zu Fuß und die körperliche Anstrengung dabei lassen die Sorgen schmelzen.

Aus unseren Decken und Kissen richte ich mir ein kleines Lager und hole meinen Proviant heraus.

Ich bin jetzt richtig hungrig. Hier kann ich in Ruhe essen.

Zum Mittagessen, Taboulé, mein selbstgemachter Cous-Cous Salat, gönne ich mir ein kaltes Shandy. Oder war's Bier?

Bevor wir später aufbrechen, esse ich noch ein paar Kekse und Schokolade und trinke Tee dazu. Meine gute STANLEY Thermoskanne hatte ich noch zu Hause aufgefüllt.

Gut Essen und Trinken ist wichtig für große Unternehmungen....

Genau gegenüber von unserem Lagerplatz liegt das schicke Hotel Son Claret.

Dort sitzen die illustren Gäste jetzt an schön gedeckten Tischen und speisen Michelin Sterne Menüs. Dazu Wein oder Champagner. Beides vom Guten; stelle ich mir so vor.

Und ich sitze hier auf der Erde mit meinen Tuppertöpfen und Bier aus der Dose.

Neid ist aber nicht angesagt von meiner Seite.

Was ich mache, mache ich absolut freiwillig. Es war meine ganz eigene Idee. Tauschen möchte ich in diesem Moment mit niemandem.

Solche Anwandlungen hatte ich allerdings später doch ein paar Mal, wenn's wirklich anstrengend war. Dann hätte ich gerne getauscht.

Eigentlich war es nicht so geplant, aber am Ende haben wir hier weit über zwei Stunden gelagert.

Abends merke ich dann, dass ich dort mein Taschenmesser verloren habe.

Manch ein Leser, der schon einmal auf Mallorca gewandert ist und das ausgedehnte Netz der Wanderwege kennt, wird sich vielleicht fragen, warum wir nicht über den *Camì des correu*, den alten Postweg von Calvià nach Galilea gelaufen sind.

Der kürzeste Weg zwischen den beiden Dörfern. Und landschaftlich einmalig gelegen.

Leider kann Paulo keine Leitern hochklettern.

Am Ende des Weges an der Landstraße bei Galilea steht ein solides Eisentor. Ständig verschlossen. Zum Übersteigen ist eine Leiter in das Tor integriert.

Für meinen vierbeinigen Wanderfreund unüberwindlich.

Das ist der Grund, warum wir diese Strecke über Son Font und die Possessió Son Cortey nicht laufen können.

Galilea

Es ist kurz nach drei Uhr, als wir wieder in Gang kommen.

Paulo wurde schon unruhig. Ich hatte aber beobachten können, dass auch er einige Minuten die Augen geschlossen hatte und mit eingeknicktem linken Hinterhuf ganz still vor sich hinträumte. Er hatte also auch Siesta gehalten.

Aber jetzt war's ihm wohl genug mit der Pause. Das Angebundensein am Baum nervte ihn deutlich. Er zerrte ungeduldig an seinem Strick.

Nun, während der ganzen langen Wanderung hat er so manche Nacht angebunden verbringen müssen. Es ging einfach nicht anders.

Nachdem ich mit der lästigen Packerei fertig bin, geht's wieder los. Nach ein paar hundert Metern beginnt dann der Anstieg nach Galilea. Die enge und kurvige Straße zieht sich mit ausgeprägter Steigung hoch.

Eine schöne Straße, auf der ich gerne unterwegs bin. Natürlich ist die Straße eng, und es gibt manchmal haarige Situationen mit Entgegenkommern.

Hier bin ich mit Paulo schon einmal unterwegs gewesen. Im letzten Jahr hatten wir einen Kurzbesuch in Galilea gemacht.

Zum Glück ist heute nur wenig Verkehr. Dazu geben die vielen Bäume fast auf der ganzen Strecke ausreichend Schatten. So macht das Laufen Spaß.

Natürlich gibt es auch alternative Wege hoch nach Galilea. Richtige Wanderwege.

Die beginnen am Zugang zur Finca Galatzó. Der erste Weg geht gleich hinter dem großen Tor zur Finca los. Es ist aber ein total überwachsener Pfad, den ich Paulo mit seiner Last auf dem Rücken nicht zumuten will.

Der andere Weg, der camì des Ratxo, startet dicht beim kleinen Haus sa casa de l´amo en Biel und ist ein breiter Karrenweg. Nach etlichen hundert Metern geht es dann durch den Torrent des Ratxo und über einen schmalen Wanderweg weiter.

Man erreicht auf diesem Weg, den Coll des Pomarà, die befestigte Straße, die vom Park La Reserva del Puig de Galatzó direkt hoch ins Dorf von Galilea führt.

Diese Variante ist aber ein gewaltiger Umweg.

Auf all´ diesen Wegen bin ich schon ohne Paulo gewandert.

Mit ihm gemeinsam ist aber die Bundesstraße, die MA-1032, der bequemste Weg.

Für Mensch und Tier. Trotz der Autos.

Aus Erfahrung weiß ich, dass Paulo auch lieber auf festem Asphaltbelag läuft als auf Geröllpfaden. Vielleicht piekst es ihm weniger an den Hufen.

Wann immer es beide Möglichkeiten nebeneinander gibt, drängt Paulo auf den Asphalt.

Wir kommen gut voran. Paulo hat seinen Rhythmus gefunden. Er läuft flott am lockeren Führungsstrick hinter mir her. Ziehen brauche ich nicht mehr.

Die Zieherei kann auf die Dauer auch ganz schön anstrengend werden. Ein Eseltreiber, der sein Tier ständig ziehen muss, macht etwas falsch.

Ziehen sie einmal einen 380 Kilogramm schweren Esel hinter sich her, der unwillens ist zu laufen. Das geht in die Arme.

Ich hatte uns für Spätnachmittag angesagt bei Salut, der Frau von Mimmo, den ich noch aus meiner aktiven Zeit in der Yachtindustrie kenne. Er arbeitet als Ingenieur auf einer großen Motoryacht.

Mimmo ist aber gerade mit seiner Yacht auf dem Weg nach Italien. Wir werden uns also nicht sehen. Aber seine Frau ist informiert über unser Kommen.

Auch sie kenne ich von unserem Besuch mit Paulo im letzten Jahr.

Sie haben ein schönes Haus in Galilea mit reichlich Land. Dort kann ich mein Zelt aufbauen und Paulo kann grasen.

Morgen früh geht es dann von Galilea weiter Richtung Puigpunyent.

Tagesendziel für morgen derzeit noch unbekannt.

So weit wie möglich Richtung Kap Formentor.

Aber das ist alles noch weit weg. Ich konzentriere mich mal besser auf die Tagesziele und schweife nicht so weit weg, ab und voraus.

An einer Kurve schon ziemlich weit oben hält Paulo plötzlich ruckartig an.

Der Führstrick rutscht mir zwischen den Fingern raus und fällt auf den Asphalt.

Was ist los?

Mein Wanderkollege lehnt sich mit seiner Brust gegen die Leitplanke die hier um die Kurve montiert ist und streckt seinen großen Kopf weit nach vorne. Die Schnauze dabei hoch in die Luft haltend. Ein paar Mal zieht er die Luft tief durch die Nüstern ein. Schnauft dabei geräuschvoll.

Mit wichtigem Blick guckt er in die Ferne. Was guckt er da so angestrengt?

Ich sehe nichts Besonderes. Peguera und Santa Ponça sind in der Ferne zu erkennen.

Dahinter das Mittelmeer. Heute gerade mal nicht ganz so blau.

Unten erkennt man ein paar Häuser von Es Capdellà. Alles nichts, was einen Esel interessieren könnte. Denke ich.

Wilde Raubtiere sind auch nicht in Sicht. Nicht einmal Ziegen.

Manchmal bleibt er stehen, wenn wir Ziegen begegnen und schaut sich jede ihrer Bewegungen an. Als wenn er vorher nie Ziegen gesehen hätte.

Aber hier ist jetzt nichts, was ihn beunruhigen müsste. Aus meiner Sicht als Mensch zumindest nicht.

Genauso plötzlich, wie er angehalten hat, rennt er wieder los. Vorher schnauft er nochmals tief und geräuschvoll ein und sieht mich kurz und fest an.

Sein ernster Gesichtsausdruck dabei ist für mich nicht definierbar.

Ich kriege gerade noch den Führstrick zufassen, und wir sind wieder unterwegs.

Solche abrupten Stopps erlebe ich noch häufiger mit ihm. Nie erkenne ich den Grund dieses plötzlichen Anhaltens.

So kommen wir gegen halb fünf in das schöne Bergdorf Galilea.

Das erste Tagesziel ist erreicht.

Wir laufen direkt auf eines der ausgedehnten Terrassenfelder von Mimmos Anwesen zu. Inzwischen hat er auch ein Tor an der rückwärtigen Zufahrt aufgestellt, und so kann ich Paulo später frei laufen lassen.

Ich suche mir ein Plätzchen, wo ich zwischen den

Mandelbäumen geschützt bin. Wenn in der Nacht Wind aufkommt, will ich nicht mit meinem kleinen Zelt wegfliegen. Man muss an alles denken.

Das Entladen und Abpacken geht schnell, und die ganze Ausrüstung landet wieder ungeordnet am Boden.

Unterwegs hatte ich schon gemerkt, dass ich meine Kamera vergessen hatte.

Nach heftigem Überlegen war ich zu dem Schluss gekommen, dass die in meinem Auto liegen musste. Nur, wie kommt sie jetzt hierher nach Galilea?

Ich versuche Ani anzurufen. Leider ohne Erfolg. Sie hat meinen Autoschlüssel.

Dann versuche ich es bei Maria-Antònia. Ich erreiche sie auch gleich und sie hat Zeit, nachher kurz nach Galilea zu kommen.

Irgendwie schafft sie es auch, an den Autoschlüssel zu kommen. Ja, ja, die guten Freunde. Wenn man die nicht hätte...

Kurze Zeit später kommt Salut mit Francesco dem Sohn an. Beide freuen sich offensichtlich, uns mal wiederzusehen. Der Lagerplatz, den ich mir ausgesucht habe, findet auch ihre Zustimmung.

Nun ist alles in Butter. Wir sind aufgenommen für die Nacht.

Wir unterhalten uns ein paar Minuten, und die beiden gehen zum Haus zurück.

Ich ruhe mich jetzt erst einmal aus. Zwar war die Lauferei von Calvià hierher nicht anstrengend, aber die Tage vorher mit den ganzen Vorbereitungen haben mich ein bisschen müde gemacht. Man ist auch nicht mehr der Jüngste.

Ich lege mich auf die dicke Eseldecke und schaue in den blauen Himmel. Dazu gönnt sich der Eseltreiber ein Bier. Life is good!

Nach einer guten Stunde kommt Maria-Antònia mit meiner Kamera.

Die Wiedersehensfreude ist groß, obwohl wir uns erst heute Morgen zuletzt gesehen haben. Sie guckt sich kurz meinen Lagerplatz mit dem jetzt aufgebauten Zelt an.

Ihr zweifelnder Blick sagt mir, dass das nicht so ihr Ding wäre, in dem kleinen Pop-up Zelt die Nacht zu verbringen.

Jetzt ist es der perfekte Moment für eine Einladung zu einem Glas Wein und ein paar Tapas.

Wir fahren zur Plaza an der Kirche hoch.

In der Bar Sa Plaça de Galilea finden wir noch einen Tisch.

Dort genießen wir die nächste Stunde und reden über dies und das.

Wein und Tapas schmecken gut und die Zeit vergeht im Fluge hier oben mit der Aussicht bis zum Horizont. Peguera und die Illa del Toro sind gut zu erkennen.

Das Mittelmeer ist immer noch ein bisschen grau wie am Nachmittag schon. Nicht ganz so postkartenmäßig.

Allzu lange kann Maria-Antònia leider nicht bleiben.

Sie muss ihre Tochter Paula von irgendwo abholen. Der Fahrdienst der Mütter.

Sie setzt mich noch am Tor zu meinem Lagerplatz ab und adios amiga, bis übernächste Woche am Kap Formentor.

Wir verabschieden uns und ich bleibe alleine zurück. Meine erste einsame Nacht auf der langen Reise durch die Serra de Tramuntana.

Ich mache einen letzten Kontrollgang über das Land, um Paulo zu suchen. Der steht friedlich grasend eine Terrasse tiefer und bemerkt mich nicht. Zumindest guckt er nicht in meine Richtung. Auf der Schiene ist also auch alles ok.

Ein schöner Anblick.

Mein Esel in voller Größe im Mondschein zwischen den Mandelbäumen. Ein paar Vögel sind noch zu hören. Sonst ist es völlig still. Kein Wind weht. Kein Verkehrslärm.

Jetzt will ich nur noch in meinen Schlafsack und auf die Luftmatratze.

Ich hoffe auf eine ruhige Nacht und morgen geht's dann mit frischer Energie weiter.

Und es wird eine ruhige Nacht. Die erste Nacht im Zelt.

Wie immer, wenn ich mit dem Zelt unterwegs bin, wache ich früh auf.

Jetzt im Juni ist es schon um vor sechs Uhr hell.

Da hält mich nichts mehr, und ich krieche aus dem Schlafsack und schiebe mich unter vielen Verrenkungen aus der engen Stoffbehausung heraus.

Jetzt ein heißer Kaffee wäre nicht schlecht. Meinen kleinen Campinggaskocher habe ich dabei. Kaffee und Tee auch. Aber hier jetzt Feuer zu machen bei der vielen trockenen Vegetation wäre äußerst leichtsinnig. Ich belasse es bei kaltem Wasser. Nachher wollen wir zur Bar Parroquial an der Kirche hoch und da frühstücke ich dann ausgiebig mit allem, was dazu gehört. Die öffnet aber erst so gegen neun Uhr.

Ich zwinge mir als vorläufigen Ersatz gegen den Hunger ein paar trockene Cracker und einen Apfel hinein. Nicht so meine gewohnte Art zu frühstücken, aber heute geht's nicht anders. Und so wird es noch häufiger auf dieser Wanderung sein.

Die Zeit überbrücke ich ein bisschen mit Lesen und kurzen Notizen machen.

Meine Aussicht vom Lagerplatz geht über Galilea und der großen Possessió Son Cortey hinüber bis zum Berg Na Bauçana.

Den Bauçana bin ich vor Jahren auch einmal hochgeklettert. Nicht so hoch der Hügel, aber die letzten Meter sind steil, fast schon klettermäßig.

So vergeht der frühe Morgen und bald ist es an der Zeit zu packen.

Paulo ist in der Zwischenzeit zu mir gekommen. Ohne dass ich ihn rufen musste.

Er bekommt seine Ration geschroteten Mais. Sein Frühstück. Ist er damit fertig, macht er immer einen kurzen Verdauungsschlaf.

In seiner üblichen Position mit hängenden Ohren, vorgeschobener Unterlippe und einem der hinteren Hufe eingeknickt.

Ich klappe das Zelt zusammen. Jeden Morgen eine echte Qual für mich.

Das Teil springt in zwei Sekunden auf wenn man es abends aus dem schmalen Packsack nimmt. Und so steht's auch auf dem angehängten Label in großer Schrift.

Über die Sekunden oder Minuten des Zusammenfaltens steht da leider nichts in großen Buchstaben.

Für die richtige Handhabung des Zusammenfaltens und Einpackens sind dort ein paar kleine Zeichnungen aufgedruckt, die mir aber nicht so eingehen.

An manchen Tagen habe ich Glück, und ich finde gleich den richtigen Dreh und die Karbonstangen und der Stoff liegen gut zusammengefaltet auf dem Boden, um in den flachen Sack geschoben zu werden.

An anderen Tagen würde ich die widerspenstige Konstruktion am liebsten den Berg hinunterwerfen.

Das Zelt hat mir aber immer gute Dienste geleistet. Es ist leicht. Es war preiswert.

Kurz vor neun Uhr ist Paulo beladen. Ein letzter Rundblick, ob wir nichts vergessen haben. Keine Abfälle liegen geblieben sind. Nichts. Alles rein und ohne Spuren von uns. Nur Pauls rundbällige Hinterlassenschaft garniert ein bisschen das Gras.

Aber das tut dem Land gut und hilft beim Wachstum.

Wir laufen in gemütlichem Tempo vom Land zur Hauptstraße, überqueren diese, und dann geht es weiter hoch zum Kirchplatz.

Ohne meinen heißen Kaffee und mindestens ein Croissant oder ein Toastbrot mit Öl und geriebenen Tomaten fällt mir der Morgenstart schwer.

Menschen treffen wir zu dieser Stunde nicht. Alles ruhig.

Das Dorf ist wie ausgestorben.

Galilea ist ein schönes Dorf. Hier würde ich mich auch wohlfühlen.

Es gibt keine Hochhäuser. Der Autoverkehr hält sich in Grenzen. Alles ist von einer menschlichen Größe.

Wir erreichen nach zehn Minuten die Bar. Direkt, Wand an Wand, neben der Kirche.

Paulo binde ich etwas unterhalb der Terrasse der Bar Parroquial an. Dort muss er auf mich warten. Die Last bleibt auf seinem Rücken festgebunden.

Die Bar hat gerade erst aufgemacht und ich bin, so scheint es, der erste Morgengast.

Die freundliche Besitzerin bringt mir auch schnell den so

sehnlichst erwarteten Milchkaffee. Schön heiß. Das getoastete Brot mit Tomaten und Öl kommt ein paar Minuten später. Hinterher gönne ich mir noch eine Ensaimada. Die esse ich eher selten, aber heute habe ich darauf Appetit. Sonst bin ich mehr ein Croissant-Fan.

Die Tochter der Besitzerin kommt aus der Bar mit einer Freundin. Eifrig schnatternd laufen sie vor meinem Tisch vorbei. Sie müssen wohl zum Schulbus. Einer der letzten Schultage vor den Sommerferien.

Ich weiß jetzt schon, was gleich kommt.

Wenn sie Paulo dort unten sehen, wird es einen Aufschrei geben.

Es dauert keine zehn Sekunden, und der Aufschrei kommt. Mit lauter Stimme kreischt die Tochter hoch: *Mamà un ase.*

Sofort tauchen Tochter und Freundin wieder vor der Bar auf. Bei meinem Tisch.

Ich bin der einzige Gast. Der Esel kann also nur zu mir gehören.

Die Mutter kommt heraus. Etwas überrascht dreinschauend. Jetzt geht die Fragerei los.

Ich erkläre mein Vorhaben. Die drei kommen aus dem Staunen nicht heraus.

Ja, und alles ganz alleine? Und so weit. Und durch die Serra.

Irgendwann müssen die Kinder aber los. Das morgendliche Interview hat ein Ende.

Sie fragen noch, ob sie den Esel streicheln dürfen. Ja, dürfen sie. Er beißt nicht.

Nur nicht das Tier plötzlich von hinten anfassen, ohne sich bemerkbar zu machen.

Ja, ja, das verstehen die beiden. Er könnte ja mit den Hufen ausschlagen.

Ich bezahle mein Frühstück und bitte gleichzeitig um einen Stempel der Bar.

Leider gibt es keinen Stempel.

Die Besitzerin schreibt aber ein paar nette Worte ins Buch gibt mir eine bunte Visitenkarte von der „Bar Parroquial".

Mit einem Foto der Terrasse. Die Karte klebe ich später in mein kleines Buch.

Jetzt weiß ich auch, dass der Kirchplatz in Galilea Plaça Pius XII heißt.

Die Bar hat die Hausnummer 1.

Man lernt nie aus. Reisen bildet...

Inzwischen ist auch der Mann des Hauses herausgekommen. Er hat sich wohl über das laute Geschrei seiner Tochter gewundert. Nun muss ich ihm auch noch schnell meine Pläne erzählen.

Von Galilea Richtung Vall de la Superna

Es wird Zeit für uns.

Ich verabschiede mich von den freundlichen Wirtsleuten und laufe zu Paulo herunter. Jetzt bin ich voller Energie und Lust auf den neuen Tag.

Der Morgenkaffee zeigt seine Wirkung.

Paulo zappelt schon an seiner Leine. Die beiden von der Bar schauen von der Terrasse herunter, als wir uns in Bewegung setzen und winken.

Ein freundliches *Buena caminata* rufen sie mir noch zu, und weg sind wir.

Einer der vielen netten Augenblicke auf der langen Wanderung durch die *Serra*.

Jetzt geht es die nächsten zwei Kilometer ständig bergab.

Immer gut, wenn man sich morgens nicht gleich mit Steigungen abquälen muss. Später, wenn der Körper warmgelaufen ist, fällt es weniger schwer.

Paulo läuft auch an lockerer Leine hinterher.

Manchmal muss ich ihn bremsen, weil er mich überholt. Die Ladung auf seinem Rücken gibt ihm noch eine Portion Extraschwung.

Wir bleiben auf der asphaltierten Straße. Wieder auf der MA-1032. Ihr folgen wir bis zur Kreuzung in Puigpunyent.

Der ausgeschilderte Wanderweg, der GR-221, kürzt zwar die Strecke etwas ab, aber es geht an vielen Stellen steil bergab, und das ist für meinen Paulo beschwerlicher.

Als umsichtiger Eselführer muss man immer auch an sein Tragetier denken. Es ihm so einfach wie möglich bei der Schlepperei machen.

So erreichen wir nach einer halben Stunde Wanderung, vorbei an kleinen Fincas und Gemüse–und Obstgärten, den Ortseingang des schönen Dorfes Puigpunyent.

Dort will ich Proviant kaufen. Kaltes Bier geht mir als erstes durch den Kopf.

Für die Mittagspause und die Siesta. Dazu Trinkwasser, Obst, Brot und ein bisschen Aufschnitt. Alles, was so ein Eseltreiber auf einsamer Route braucht.

Der gut sortierte Supermarkt von Puigpunyent liegt am Ortseingang dicht bei der Kirche auf der rechten Straßenseite.

Paulo binde ich an einem Laternenpfahl gegenüber an.

Hier stört er niemanden. Den Autoverkehr behindert er auch nicht, und ich kann beruhigt einkaufen gehen.

Im Supermarkt ist wenig los. Keine Drängelei an der Kasse. In fünf Minuten bin ich mit meinem Einkauf fertig.

Beim Herausgehen aus der Glastür trifft mich fast der Schlag: Eine kleine Menschenansammlung um meinen Paulo herum und mittendrin ein großer Polizist.

WOW, was ist da passiert?

Was ich von meiner Straßenseite aus erkennen kann, steht Paulo ganz ruhig an dem Laternenpfahl. Die Ladung liegt auch noch sauber auf seinem Rücken.

Ich sehe so schnell keine Dramatik und auch keine Gefahr für die Dorfbevölkerung von Puigpunyent oder eine Behinderung des geringen Autoverkehrs.

Ich sprinte über die Straße. Fast verliere ich dabei meine Einkaufstüten.

Kaum erreiche ich die andere Straßenseite, bahnt sich der große, noch junge Polizist, er gehört zur *Policia Local*, den Weg aus der Mitte der Menge und fragt ohne Morgengruß: *Es suya la somera?*

Ich wünsche ihm erstmal *Buenos dias* und antworte dann direkt und ohne vorher nach dem Grund seiner dienstlichen Intervention zu fragen, dass der Esel keine *somera* wäre, sondern ein *ase*. *Somera* ist Eselin und *ase* Eselhengst. Paulo ist ein Wallach. Ein kastrierter Hengst.

Mein freundlicher Morgengruß und meine Richtigstellung des Geschlechtes von Paulo irritieren den Polizist und er bekommt einen hektischen und unsicheren Blick. Ein Punkt für mich.

Die umstehenden Leute haben natürlich jedes Wort gehört.

Jetzt kommt seine dienstliche Ansage: Mein Esel hätte die Straße von Galilea hier hinunter ins Dorf verschmutzt. Mit seinen Eseläpfeln. Mitten auf dem Asphalt setzt er noch mit wichtiger Miene hinterher. Fast drohend hebt er dabei einen Zeigefinger.

Ich kann's nicht glauben. Was ist hier denn los? Träume ich?

Meine Antwort darauf, das wäre doch *campo* und nicht im

Ort selbst. Nein, auf der Bundesstraße außerhalb der Ortschaften darf auch kein Eseldung liegenbleiben.

Bei mindestens einem der Zuschauer sehe ich jetzt schon ein komplizenhaftes Grinsen in meine Richtung. Wahrscheinlich können so einige aus der Gruppe um uns herum das eben Gehörte auch nicht nachvollziehen.

Im Dorf auf den Bürgersteigen und auch auf der Straße selbst muss man als Tierbesitzer natürlich die Hinterlassenschaften seines Lieblings wegmachen.

Egal, ob vom Hund oder Esel. Das diskutiere ich gar nicht und dafür bin ich auch ausgerüstet. Hier sehe ich es aber etwas anders.

Der Polizist reitet weiter auf seiner, aus seiner Sicht, Verschmutzung öffentlicher Wege und Straßen herum.

Dann informiert er mich, ganz großzügig, er hätte aber schon die Reinigungsbrigade des Dorfes informiert, und die würden den Dung jetzt einsammeln. Er würde mich jetzt nicht zwingen, wieder zurückzulaufen und selber die Straße zu reinigen.

Welch´ großzügige Geste des dörflichen Ordnungshüters.

Aber beim nächsten Mal solle ich besser aufpassen, denn so ginge es auf keinen Fall.

Das war's. Die Menschenansammlung verstreut sich, und der Polizist steigt in sein kleines Dienstfahrzeug.

Ende der Veranstaltung. Ich bin ganz schön perplex ob dieser Diskussion.

Wochen später erzähle ich diese Begebenheit einem befreundeten Polizisten aus Calvià. Auch ihm fehlt ein bisschen das Verständnis für das Vorgehen seines Kollegen aus Puigpunyent. Es wäre doch außerhalb des Ortes passiert und da wüsste er von keiner Vorschrift über die Entfernung von Kot.

Jetzt endlich kann ich meine Einkäufe verstauen.

Ich binde Paulo los, und wir setzen uns wieder in Bewegung.

Jetzt müssen wir noch durch das ganze Dorf hindurch. Das war erst der Anfang.

Ein paar hundert Meter geht es flott voran, dann taucht ein, aus Paulos Sicht, unüberwindbares Hindernis auf. Bauarbeiten am Gehsteig.

Zwei Nordafrikaner sind dabei, die Gehwegplatten und den Bordstein zu erneuern.

Die ganze Maschinerie und die vielen Säcke und andere Baumaterialien machen Paulo bockig. Auf die Fahrbahn will er aber auch nicht. Dort sind stählerne, halbrunde Bänder montiert, um die Autofahrer am Rasen durch das Dorf zu hindern.

Über diese löcherigen Metallstreifen will er auch nicht gehen.

Ich muss meinen Wanderstock aus hartem Schilfohr benutzen, um das Weiterkommen zu sichern. Ohne körperliche Berührung. Nur das Schwingen des Stocks lässt Paulo weitergehen.

Der jüngere der beiden Arbeiter meint: Warum setzt du dich nicht oben drauf und gibst ihm richtig mit dem Stock...?

An solchen Aussagen erkennt man gut die unterschiedlichen Auffassungen bei der Behandlung von Tieren. Kulturbedingt? Ich weiß es nicht.

Ich verkneife mir eine Antwort, und wir laufen weiter.

Den Stock brauche ich nur ein bisschen zu wirbeln. Zu wirklichen Schlägen kommt es nicht ein einziges Mal. Keine körperliche Züchtigung. Nur Signale.

Ein paar Minuten später das nächste Hindernis. Am Dorfausgang bei den letzten kleinen Häusern.

Ein Stahlrost von vielleicht 20 cm Breite, eingelassen im Straßenbelag. Quer über die Straße. Von Gartenmauer zu Gartenmauer. Als Ablaufrinne bei starkem Regen.

Ein scheinbar unüberwindbares Hindernis für meinen Mitwanderer.

Es hilft kein Ziehen, es hilft kein ruhiges Reden mit ihm. Paulo bleibt stocksteif stehen.

Stockschwingen beeindruckt ihn auch nicht.

Da sehe ich in einem der Gärten direkt vor uns einen Mann bei der Gartenarbeit.

Er kniet in gebückter Haltung und steckt irgendwelche Pflänzlinge in die Erde.

Ihn spreche ich an. Ob er uns vielleicht einmal kurz behilflich sein könne. Er reagiert nicht. Hören muss er mich. Uns trennen keine fünf Meter. Ich merke, er will nicht.

Dann hebt er den Kopf. Schaut mich und Paulo kurz an und meint mit leiser und nuschelnder Stimme, er hätte keine Zeit.

In dem Moment hält ein kleines, etwas verbeultes rotes Auto und ein älterer Mann steigt heraus und fängt sofort auf Mallorquin an zu reden.

Que ase mès gros... und , und , und.

Er ist mein Kandidat, der mir helfen muss.

Ist er womöglich sogar Sankt Christophorus persönlich,

der Schutzheilige der Reisenden und Fuhrleute? Einer der vierzehn Nothelfer, wenn ein Hindernis am Weg auftaucht. Auch das Jesuskind hat er der Legende nach über den Fluss getragen. Nun, unsere Angelegenheit ist weniger delikat.

Ich brauche ihm auch gar nicht viel zu erklären. Er nimmt ohne Worte meinen Stock, stellt sich hinter Paulo und fängt an, das Schilfrohr durch die Luft zu schwingen.

Einer, der Bescheid weiß mit Eseln.

Kaum hat der Mann den Stock ein oder zweimal hin und her bewegt nimmt mein Paulo einen gewaltigen Anlauf, so als müsste er den Gran Canyon meistern, und

springt elegant über das Stahlgitter hinüber. Als wär's nichts gewesen.

Mir bleibt gerade noch Zeit, den Führungsstrick vom Boden aufzuheben.

Eine Sache von drei Sekunden. Ich muss erst einmal tief Luft holen.

Der hilfsbereite Mann gibt mir rasch den Stock zurück, springt lachend in sein Auto und fährt winkend davon.

Ich habe kaum Zeit, mich zu bedanken. Ich höre nur noch, wie er vor dem zuschlagen der Tür ruft: *Son burros*.

Von diesem Mann hörte ich zum ersten Mal den Satz: Que ase mès gros. Welch´ ein großer Esel.

In den nächsten Wochen habe ich diesen Satz noch oft gehört.

Im Verlauf der langen Wanderung hat auch Paulo einen tiefen Lernprozess durchgemacht. Zwei Wochen später lief er über so ein Hindernis, ohne zu zögern.

Sein Vertrauen zu mir als sein Führer wuchs tagtäglich und er stumpfte womöglich auch etwas ab bei den ganzen für ihn bis dahin unbekannten Hindernissen.

Nach diesem kurzen Zwischenfall geht es weiter. Jetzt bergauf.

Es ist kurz nach zehn Uhr, und wir kommen bald auf eine der schönsten Straßen Mallorcas. Auf die MA-1101. Auf der wir bis La Granja bleiben werden.

Die bergige und schmale Strecke führt auf dem ersten Abschnitt von Puigpunyent bis zu Anhöhe von Es Grau.

Einfach schön die ganze Gegend hier.

An beiden Seiten der engen und gewundenen Straße dichter, fast dunkler Wald.

Die Luft ist angenehm frisch. Fast kühl ist es.

Das Wandern macht Spaß.

Der übereifrige Polizist aus Puigpunyent ist vergessen. Paulos Weigerung über das Eisengitter zu laufen ist schon Geschichte.

Nach einer guten halben Stunde machen wir eine kurze Rast zum Verschnaufen.

Es gibt nur wenig Schatten. Ein paar Olivenbäume stehen hier, aber die halten die Sonne kaum ab.

Paulo kann ein bisschen grasen, und ich setze mich auf eine Steinmauer und denke über das bisher Erlebte nach.

Die Ladung bleibt während der kurzen Pause auf ihm drauf. Das Ab- und Aufpacken bei jedem Halt ist einfach zu aufwändig.

Nach einer Viertelstunde geht es weiter.

Es wird jetzt deutlich steiler, aber dafür kommen wir in den schattigen Wald hinein, der sich rechts und links der Straße ausdehnt.

Die Straße ist so kurvig und schmal, dass wir häufig die Seite wechseln, um von den Auto-und Motorradfahrern rechtzeitig gesehen zu werden.

Nach einer Stunde Marsch vom Dorfausgang in Puigpunyent erreichen wir Es Grau.

Eine kleine Häuseransammlung auf 460 Metern Höhe die noch zur Gemeinde von Puigpunyent gehört.

Von Es Grau wollen wir auf der breiten Schotterstraße nach Sa Campaneta hochlaufen. Meine Idee ist dann, dort zu übernachten.

Eines der schönst gelegenen Landhotels Mallorcas ist Sa Campaneta. Wie viele Landhotels oder Agrotourismus, wie sie auch genannt werden, aus einem alten, renovierten Gutshof entstanden.

Ich beschließe aber erst einmal, hier Mittagspause zu machen. Direkt an der Straße in einer Kurve ist ein kleines Stück halbwegs ebenes Land mit Bäumen, die Schatten geben. Hier wollen wir lagern.

Genau gegenüber steht ein kleines Haus. Von dort höre ich Frauenstimmen.

Na, die werden uns und wir die Frauen nicht stören.

Ich frage nicht erst, ob wir hier lagern können. Ich lade einfach alles ab und binde Paulo an einem Baum an.

Jetzt gönne ich mir ein kaltes Bier.

Das eine von den dreien, welches ich in Puigpunyent im Supermarkt gekauft hatte.

Es ist sogar noch kalt. Die kleinen Freuden unterwegs des Eseltreibers.

Hier verbringen wir jetzt die heiße Mittagszeit.

Nachdem ich mich ein bisschen ausgeruht habe, gehe ich mit einem leeren Kanister zum Haus hinüber. Ich werde die Frauen um Trinkwasser für Paulo bitten.

Sie sind etwas überrascht über mein Erscheinen in ihrer trauten Runde, aber lächeln freundlich. Ja, ich soll so viel Wasser abfüllen, wie ich brauche. Den Wasserhahn mit dem Gartenschlauch hatte ich schon gesehen. Fragen stellen die Ladies mir nicht.

Sie lassen sich nicht unterbrechen bei ihrem mittäglichen Zusammensein.

Paulo binde ich alle halbe Stunde an einen anderen Baum an. Dann ist die Vegetation, die für ihn bei der Länge der Leine erreichbar ist, abgegrast.

Zwischendurch erhält er eine halbe Portion Mais. Wasser trinkt er eher wenig.

Ich döse vor mich hin und denke über den Umweg nach Sa Campaneta nach.

Lohnt es sich? Angemeldet hatte ich uns nicht.

Es ist ein Umweg von fast fünf Kilometern, hier von Es Grau hoch zum Hotel und morgen wieder dieselbe Strecke zurück zur Landstraße.

Ich treffe eine schnelle und einsame Entscheidung: Wir laufen von hier direkt weiter Richtung La Granja und vergessen unsere geplante Nacht in Sa Campaneta.

Unsere Art zu reisen ist nicht für Umwege.

Mal sehen, wie weit wir heute noch kommen.

An La Granja will ich auf jeden Fall heute noch vorbei. Es ist bis zehn Uhr abends hell und da können wir noch einige Kilometer machen. In Richtung Valldemossa.

Ich war wohl etwas eingedöst, als ich plötzlich von Autolärm aufgeweckt werde.

Ein einzelner Mann parkt direkt am Straßenrand vor unserem Lagerplatz.

Er grüßt freundlich und lächelnd zu uns hin. Paulo guckt

mit seiner freundlichsten und treuesten Miene den Mann an. Welch' ein schöner Esel ist sein Kommentar.

Ich wohne da drüben. Wenn ihr etwas braucht. Wasser oder so: sag' Bescheid.

Ich erzähle ihm, dass ich schon einen Kanister geholt hätte. Hol' so viel du brauchst.

Nach einer halben Stunde kommt er wieder zu uns herüber. Diesmal in Begleitung eines Jungen. Elf, zwölf Jahre alt.

Der Junge beschäftigt sich sofort mit Paulo und stellt mir dabei ohne Unterbrechung Fragen. Der Mann, vielleicht sein Vater, hört lächelnd zu.

Paulo genießt die Streichelung durch den Jungen. Mit abgeklappten Ohren steht er still da. Endlich mal wieder Zuneigung...

Dann bietet der Mann mir an, hier heute zu übernachten. Direkt neben dem Haus ist ein freies Grundstück, und dort könnten wir doch bleiben.

Ein freundliches Angebot. Aber ich will weiter.

Valldemossa ist weit und bis Kap Formentor ist es noch weiter.

Ich fühle mich wieder frisch nach der langen Pause, und das muss ich ausnutzen.

Ich bedanke mich für das Angebot, aber erkläre ihm meine Pläne. Ja, das versteht er.

Ich hole Paulo und binde ihn an einen Baum direkt an der Straße. Dem Jungen gebe ich die Fellbürste und lasse ihn Paulo bürsten. Die Bürstung wird etwas oberflächlich, aber es muss genügen. Ich fange mit der Beladung an.

Der Junge fragt weiter ohne Pause, was ich da mache und warum und wozu.

Und was wir alles dabei hätten an Ausrüstung und Essen. Er ist schier überwältigt.

Ich hätte wohl in seinem Alter genauso gefragt. Wie jeder an Tieren und Abenteuern interessierte Junge.

Dann fragt er mich, ob er ein Stück mitlaufen kann. Von mir aus, antworte ich ihm.

Sag´ aber deinen Eltern Bescheid. Er rennt über die Straße und nach einer halben Minute ist er wieder zurück. Alles O.K.. Ich darf mit. Der Mann kommt auch über die Straße. Wir verabschieden uns und los geht's. Im Schatten und bergab.

Was will man mehr.

Ich überlasse dem Jungen den Führstrick und laufe zur Abwechslung einmal hinter Paulo. Ein neuer Blickwinkel.

Nach etwa zwanzig Minuten ist dem Jungen wohl die Lauferei zu viel. Vielleicht ist ihm auch ganz plötzlich eingefallen, dass er alleine zurücklaufen muss.

Ich kehre um, sagt er kurz. Und wenn ich groß bin, kaufe ich mir auch einen Esel. Das waren seine Worte zum Abschied. Ich hoffe, sein Wunsch erfüllt sich irgendwann.

Ganz sicher war die kurze halbe Stunde mit Paulo eine Erfahrung, die er so schnell nicht vergessen wird.

Wir sind wieder alleine unterwegs. Ich vorweg. Paulo hinterher.

Den ersten Kilometer bergab geht es durch dunklen Steineichenwald.

Ein emblematischer mallorquinischer Baum der *Quercus Ilex*. *Alzina*, heißt er auf der Insel. Die Köhler hätten den Baum fast ausgerottet mit ihrer Holzkohleherstellung.

Zum Glück kamen die Kohle, das Erdöl und das Petroleum und damit wurden dann die mallorquinischen Häuser beheizt.

Die Köhlerei war nicht mehr lukrativ und wurde aufgegeben.

Die Steineichenbestände konnten sich wieder erholen.

Die Landschaft im Tal von La Superna ist einfach schön. Und fruchtbar.

Viele alte und mächtige Laubbäume stehen hier, die bei dem feuchten Klima im Tal gut gedeihen und über ein dichtes Blattwerk verfügen.

Auf beiden Seiten der Straße bearbeitete Felder. Abwechselnd mit kleinen Wäldern.

Selbst Wein hat man angepflanzt.

An einigen Stellen direkt an der Straße große, eiserne Tore, die zu Fincas führen.

Der Name des Anwesens ist dann manchmal auf einem Schild daneben angebracht.

Son Nadal. S´Hort de Son Noguera.

Hier könnte ich auch gut leben. Weit weg vom Trubel und Lärm der Stadt.

Wir machen guten Fortschritt.

Paulo hält sich heute mit der Graszupferei am Wegesrand zurück.

So macht das Wandern Spaß. Und noch mehr mit so einem Kollegen in dieser Landschaft. Ohne meinen Esel ist das Unterwegs-sein nur halb so schön.

Als wir die große Possessió Son Vich de Superna erreichen, wird die Straße immer schmaler. Links die hohe Mauer zu den Gebäuden hin. Rechts eine noch höhere Mauer zum Wald hin. Dahinter stehen auch gleich die ersten Bäume.

An der wohl schmalsten Stelle der Straße kommt von vorne plötzlich ein großer Lastwagen in schneller Fahrt in Sicht.

Das musste hier nun wirklich nicht sein.

Aber wir haben Glück. Der LKW bremst ruckartig auf wenigen Metern und der Fahrer stellt sogar noch den Motor ab. Ich kann's nicht glauben.

War der Fahrer, ein Mann mittleren Alters, früher auch Esel- oder Mulitreiber?

Er beugt sich durch das Seitenfenster zu uns herunter.

Que ase més guapo. Sein kurzer Kommentar zu Paulo. Ich nicke und bedanke mich, aber wir halten nicht an. Zügig laufen wir an dem großen Monstrum vorbei.

Nachdem wir wohl schon zwanzig Meter weiter sind, startet er erst den Motor und setzt seine Fahrt fort.

Eine nette Geste am Wegesrand. Nicht alle Fahrer reagieren so.

Ich muss mir jetzt Gedanken über ein Nachtlager machen. An La Granja kommen wir heute noch gut vorbei. Auch noch einige Kilometer weiter.

Bis nach Valldemossa wird es heute nichts mehr. Warten wir mal ab, wie es mit unseren Kräften in drei Stunden aussieht.

Eine Lücke im Gebüsch wird sich wohl finden. Müssen wir finden.

Gegen viertel vor vier laufen wir am Museum La Granja vorbei. Die ausgedehnte Gebäudeansammlung liegt malerisch im Tal unterhalb der Landstraße.

Eine alte Possessió, die man zu so etwas wie einem landwirtschaftlichen Museum mit Gastronomie umfunktioniert hat. Alles ganz nett und mit Liebe gemacht.

Viele traditionelle Teile für die Tieranspannung gibt es hier zu sehen. Landmaschinen und Karren. Daran konnte ich mich bei meinen Besuchen hier nie satt sehen.

Die bürgerliche Wohnkultur in Mallorca in früheren Jahrhunderten hab ich mir zumeist nur im Schnelldurchgang angesehen.

Die paar Esel, die hier gehalten werden, sind nicht zu sehen. Besser so.

So gibt es keine Ablenkung für Paulo. Kollegen am Wegesrand muss er sich immer ganz genau ansehen.

Jetzt geht es wieder leicht bergan. Dazu noch direkt auf der vielbefahrenen Straße MA-1100 nach Banyalbufar und Valldemossa.

Wir müssen direkt auf der Straße laufen. Manchmal gehen wir in der breiten Regenabflussrinne. Nur an drei, vier Stellen gibt es kleine Parkplätze mit Schatten.

Die Hitze auf dem Asphalt ist unerträglich. Nicht die leiseste Brise weht.

Paulo wird deutlich langsamer. Ich wohl auch.

Wir kreuzen den GR-221. Es ist das Teilstück zwischen Esporles und Banyalbufar. Auch der *Camí des correu* genannt. Der Postweg.

Uns bringt der GR-221 hier leider nicht weiter.

Wir müssten den GR-221 nach Esporles hinunterlaufen, um dann über den Camí de Son Cabaspre und den Coll de Sa Basseta nach Valldemossa zu gelangen.

Ein Umweg. Und der GR-221 wäre von den Steigungen her beim Coll de Sa Basseta für Paulo mit der Ladung auf dem Rücken eine echte Strapaze.

Alternativ gibt es noch die betonierte Piste, die sich unterhalb des Pla de Xeixa entlang schlängelt und die von Esporles bis zur Urbanización Shangri-La führt.

Aber eben auch mit einem Umweg über Esporles verbunden.

Wir bleiben also trotz aller Widrigkeiten mal besser auf dem Asphalt.

Nach einer halben Stunde bergan erreichen wir die große Kreuzung, wo es geradeaus auf der MA-10 weiter nach Banyalbufar geht. Paulos Geburtsort.

Müssen wir auch noch irgendwann einmal hin. Paulos Züchter besuchen.

Mal sehen, welches Urteil er über „unseren" Paulo abgibt.

Als ich ihn gekauft habe, war er völlig unausgebildet. Ein junger Rohdiamant.

Paulos Erziehung zum Packsesel und Zugtier für meine Karre und den Pflug war nicht immer einfach. Wir haben uns gemeinsam erzogen und sind dabei Freunde geblieben...

Rechts geht es nach Valldemossa. Auch die MA-10. In diese Richtung müssen wir.

Kurz nach der Kreuzung begegnet uns ein schickes Cabriolet mit deutschem Kennzeichen. Die beiden Insassen, Mann am Steuer, Frau mit wehender Mähne auf dem Beifahrersitz, winken aufgeregt.

Ich kenne sie nicht. Sollte vielleicht nur eine nette Geste sein.

Nach zwei oder drei Minuten überholen sie uns und halten direkt vor uns auf dem Seitenstreifen an.

Die Frau springt aus dem Auto und kommt schier auf mich zu gerannt. Fast bin ich etwas erschrocken. Der Mann kommt ruhigen Schrittes hinterher.

Welch' ein toller Anblick. Sie und der Esel.

Die Frau spricht mich auf Deutsch an. Eine der wenigen Personen, die wir unterwegs getroffen haben, die meine Herkunft wohl gleich erkannt hat.

Sie suchen auch Esel. Und das möglichst bald. Und mehrere.

So geht die Unterhaltung gleich los.

Beide erzählen mir, die deutlich jüngere Frau allerdings mehr, von dem Ankauf einer Finca bei Campos und und und... Ich kann's gar nicht alles richtig verstehen.

Ich habe in diesem Moment auch andere Sorgen. Die Hitze geht an meine Substanz. Und wo lagern wir heute Nacht. Das sind meine momentanen Gedanken. Mehr basic.

Was gehen mich anderer Leute Eselzucht und Fincapläne auf Mallorca an.

Das Paar machte einen netten und sympathischen Eindruck, aber es war der falsche Ort und der falsche Zeitpunkt für solche Gespräche.

Bei einem Glas Wein auf der Terrasse hätte ich ihnen gerne Rat und Tipps gegeben.

Hier an der Landstraße zwischen La Granja und Valldemossa war's nicht angesagt.

Ich verabschiedete mich eher kurz und bündig und lasse sie mit ihren mallorquinischen Farmprojekten alleine zurück.

Nachtlager vor der Kletterwand

Paulo und ich zuckeln vor- und nebeneinander her.

Von flottem Gang kann nicht mehr die Rede sein. Mein Wanderpartner zeigt deutliche Ermüdungserscheinungen. Er folgt mir aber an lockerer Leine.

Manchmal ist sein großer Kopf neben mir, dann wieder hinter meinem Rücken.

Das ununterbrochene Hufgeklapper hat auf mich eine einschläfernde Wirkung.

Ich gucke schon immer mal wieder nach rechts und nach links, ob ich eine gute Stelle für die Nacht entdecken kann. Für ein Biwak. Aber alles eingezäunt hier oben.

Kein Zugang zum Wald. Und dort wo Zugang ist, stehen Häuser.

Wir müssen weiter.

Irgendwann kommen wir zum Glück wieder in eine waldige Gegend und es gibt etwas Schatten. Hier muss ich jetzt einen Lagerplatz finden.

Wir sind mit unserer Kraft am Ende. Häufiger muss ich Paulo ziehen. Er will nicht mehr laufen.

Es dauert, bis ich endlich etwas finde, was meinen Vorstellungen von einem Lagerplatz entspricht. Nicht zu weit weg von der Straße. Etwas hochgelegen. Nicht einsehbar von unten. Dazu muss der Platz halbwegs eben sein.

Vor einer weiten Rechtskurve finde ich endlich eine Stelle die mir zusagt.

Ein kleiner ausgetretener Pfad führt hinauf in den Wald. Dem folgen wir.

Stehen die Bäume zuerst noch weit auseinander, verdichtet sich der Wald ganz schnell auf wenigen Metern und es geht nicht weiter. Dahinter liegt eine hohe dunkle Felswand, deren Ende nach oben nicht erkennbar ist.

Mir gefällt der Platz. Ich beschließe, dass wir hier bleiben. Für heute ist es genug.

Ich befreie Paulo von seiner Last und binde ihn ein paar Meter weiter an einem kleinen Baum an. Er hat seinen Part für heute gut erfüllt.

Bevor ich mich weiter um die Lagerausbreitung kümmere, fülle ich ihm ein reichlich bemessenes Kilo Mais ab.

Ich ziehe meine völlig durchgeschwitzten Klamotten aus und suche mir etwas Trockenes zum Anziehen aus meinem Rucksack. Dazu eine kurze Gesichtswäsche.

Das muss genügen. Duschen geht bei unserem Wasservorrat nicht.

Aber wen stört' s wenn ich etwas schweißig rieche?

Meinen vierbeinigen Kollegen sicher nicht. Und sonst ist niemand in meiner Nähe, auf den ich Rücksicht nehmen muss.

Das Zelt werde ich hier nicht auspacken. Die Hängematte muss es heute tun. Biwak. Schlafen unter freiem Himmel.

Das ist nicht verboten. Zumindest nicht so ganz.

Übernachten im Zelt ist offiziell verboten. Es sei denn, man hat die Erlaubnis der Landbesitzer. Wie letzte Nacht in Galilea.

Jetzt suche ich mir zwei Bäume im richtigen Abstand für die Hängematte.

Ich muss mich nach dem anstrengenden Tag endlich einmal einen Moment hinlegen und ausstrecken.

Kaum liege ich, wird Paulo ganz hektisch. Zerrt kräftig an seiner Leine und scharrt mit den Hufen. Da ist was im Busch. Kommen hier Leute?

Dann sehe ich einen kleinen Hund durch die Büsche wedeln.

Wo kommt der denn her?

Da höre ich auch schon Stimmen. Ein junges Paar mit Ausrüstung zum Klettern auf den Schultern kommt durch die Bäume auf uns zu. Als sie mich und Paulo entdecken, erschrecken sie gewaltig. So etwas hatten sie hier wohl nicht erwartet.

Sie entschuldigen sich auf Spanisch und treten den Rückzug an.

Jetzt erst merke ich, dass wir vor einer Kletterwand unser Lager aufgeschlagen haben.

Ich kann mehrere Haken im Fels erkennen. Die hatte ich vorher nicht gesehen.

Das junge Paar wollte hier anscheinend klettern. Es tut mir

ein bisschen leid für sie.

Von mir aus hätten sie gerne bleiben können.

So vergeht der frühe Abend. Ich binde Paulo vor Einbruch der Dunkelheit noch einmal los und lasse ihn eine Weile frei grasen. Es gibt hier nicht viel Gras, aber ein bisschen zum Zupfen findet er immer und überall.

Als es dunkel wird, muss er wieder an seinen Baum.

Die Bewegungsfreiheit hat für ihn bis morgen früh ein Ende.

Ich trinke noch ein Bier. Jetzt leider nicht mehr kalt. Viel Appetit habe ich nicht.

Ich schneide mir ein paar kleine Stücke *Fuet* ab und esse dazu *Quelys*.

So einfach habe ich aber nicht jeden Abend gegessen. Ließen es die Umstände zu und war ich noch fit trotz der Lauferei, war mein Abendessen schon etwas feiner.

Konnte ich Feuer machen, habe ich Eintopf aus der Dose heiß gemacht.

Hier an diesem Biwakplatz im Wald verbietet sich aber jedes Feuer.

Der ausgewählte Lageplatz ist ganz sicher nicht ideal, aber wir verbringen hier eine ruhige Nacht. Außer ein paar Ziegen, die zwischen den Büschen herumspringen, und dem üblichen Vogelflattern höre ich die ganze Nacht keine Geräusche.

Packtier und Führer sammeln so neue Kräfte.

Kurz vor sechs bin ich wach und schwinge mich gleich aus meinem Hängebett.

Erstmal biete ich Paulo Wasser an. Der will nicht. Als ich ihm danach die Schüssel mit Mais hinstelle, ist er kaum zu bremsen. Gierig schlingt er die Körner in sich hinein.

Ich suche mir mein Frühstück zusammen.

Mehrere Brotscheiben, die ich mit Olivenöl großzügig tränke. Ein hartgekochtes Ei, das ich von zu Haus mitgebracht habe. Käse, der sehr weich ist, aber so richtig gut schmeckt. Zum Trinken wieder nur Wasser. Auf heißen Kaffee oder Tee muss ich leider verzichten.

Gleich nach dem Frühstück fange ich mit dem Abbau der Hängematte und dem Zusammensuchen der Ausrüstung an.

Dort am Baum, wo Paulo steht, ist so wenig Platz, dass ich ihm nicht die Packtaschen auflegen kann. Ich bringe ihn zwanzig Meter weiter nach unten.

Das zwingt mich nun aber unsere ganzen Sachen dorthin zu schleppen. Etliche Male muss ich hin und her laufen, bevor ich mit dem Aufladen anfangen kann.

Ich bin total durchgeschwitzt nach dieser Aktion und noch keinen Meter in Richtung Valldemossa gelaufen.

Wenn diese Tour zu Ende ist, habe ich sicher drei Kilo abgenommen.

Valldemossa

Um halb acht sind wir wieder auf der Straße.

Es ist noch schön frisch hier oben zwischen den vielen Bäumen. Zwar steht die Sonne schon hoch, aber die Hitze spüre ich Gott sei Dank noch nicht.

Wir kommen gut voran. Erst wenige Autos sind unterwegs und da die Straße sehr kurvig ist, fahren die auch nicht allzu schnell.

Der Ausblick von hier ist einfach toll. Das Tal von Esporles unter uns. In der Ferne ist die Bucht von Palma gut zu erkennen.

Ich lasse Paulo häufig am Straßenrand grasen. Er hatte sicher keine schöne Nacht an dem Baum auf dem abschüssigen Lagerplatz.

So bin ich jetzt großzügig, wenn er ständig die Ähren des *Carritx* zupft. Und das wächst hier in unendlichen Mengen.

Für Paulo ein endlos langer gedeckter Tisch an der Landstraße.

Es geht die meiste Zeit leicht bergauf. Bei mir macht sich jetzt schon das Training bemerkbar. Ich empfinde das Laufen heute weniger anstrengend als gestern noch.

Gegen acht Uhr erreichen wir eine Urbanización. Ein Hinweisschild, wie die Anlage heißt, sehe ich nirgendwo.

In meiner Wanderkarte steht Urbanició Nova Valldemossa.

Ein geschlossenes Wohngebiet ist es und wohl schon zu

Valldemossa gehörend.

Vor dem Zugang, der von zwei mächtigen eckigen Steinsäulen flankiert wird, halten wir ein paar Minuten an.

Paulo kann sich jetzt noch mehr auf die Gräser konzentrieren.

Die Landschaft wird zur linken Straßenseite hin offener.

Jetzt wechseln wir zur Westseite der Serra hinüber.

Wir kreuzen die Wasserscheide zwischen den östlichen und den westlichen Hängen beim Coll d´en Claret auf einer Höhe von 499 Metern.

Man kann das Mittelmeer schon ahnen. Es muss bald in Sicht kommen.

Nichts ist hier eingezäunt und alles ein bisschen verwildert. Die Olivenbäume sind bestimmt seit Jahren nicht mehr bearbeitet worden.

Die Äste bilden ein undurchdringliches Gestrüpp in der Krone.

Das Gras um die Bäume herum steht hoch.

Welch´ eine Wildnis.

Rechts von uns sehe ich mehrere Straßen abzweigen, die den Berg hochgehen.

Die Häuseransammlung von Shangri-La.

Einzelne Anwesen kann ich zwischen den vielen Bäumen erkennen. Schon richtig bewohnt hier die Gegend.

Eine halbe Stunde später passieren wir eine weitere Urbanización. George Sand heißt die weitläufige, hochgelegene Wohnanlage. Gekrönt von dem kleinen Gipfel Puig de sa moneda.

Die Namen von Frédéric Chopin und George Sand werden in Valldemossa reichlich gebraucht und genutzt. Um die Kultur und Musik liebenden Touristen anzuziehen.

Fast kann man sagen: Was Richard Wagner in Bayreuth ist, das ist Frédéric Chopin in Valldemossa. So ein bisschen zumindest.

Alles lange her mit seinem Besuch in Valldemossa, aber sein Name und der seiner damaligen Partnerin ist allgegenwärtig im Ort.

Jetzt kommt das Mittelmeer endlich in Sicht. Noch ist nicht viel zu sehen, aber die blaue Fläche hebt sich deutlich hinter der grünen Landschaft ab.

Eine weite Ebene breitet sich unterhalb von uns aus und zieht sich bis an die Berge bei Valldemossa hin.

Der Autoverkehr wird langsam mehr.

Von jetzt an geht es wieder bergab. Das Laufen ist angenehm. Die Luft ist immer noch frisch. Wir laufen wieder auf der sonnenabgewandten Seite der Serra.

Unsere Marschgeschwindigkeit ist gut, und wir fressen schier die Kilometer.

Rechts von uns liegt etwas erhöht die *Possessió* Son Ferrandell.

Irgendwann hören die bergigen Kurven auf und die Landstraße geht in eine schnurgerade Piste über. Wir haben endgültig die Ebene erreicht.

Ein Auto nach dem anderen überholt uns in schneller Fahrt. Am Steuer sitzen ausnahmslos junge Frauen. Hinten auf der Rückbank ein Kind oder zwei.

Heute ist der letzte Schultag für die Kinder in Spanien, erfahre ich später.

Mutter und Kind sind wohl zu spät aufgestanden oder haben die Zeit beim Frühstücken vertrödelt.

Nun müssen die verlorenen Sekunden mit Höchstgeschwindigkeit auf der Landstraße wieder aufgeholt werden.

Für uns schutzlosen Fußgänger und Wanderer nicht so schön.

Die eine oder andere Formel Eins Amateurin fühlt sich auch noch genötigt, auf die Hupe zu drücken. Sollen wir uns noch mehr an den Straßenrand klemmen oder sind es freundliche Morgengrüße?

Links von uns sehe ich eine hohe Anzahl Mandelbäume. Die Bäume sind noch klein. Sind also noch nicht uralt wie auf den meisten Mandelplantagen auf Mallorca.

Hier hat sich endlich einmal wieder ein Landwirt die Mühe gemacht, junge Mandelbäume zu pflanzen. Es scheint, dass sich der Markt für die mallorquinischen Mandeln gut entwickelt. Im Geschmack sind sie unschlagbar. Kein Vergleich mit der industriellen Ware aus Kalifornien.

Wir laufen an den großen Possessións Cases de Ca´s Garriguer und Son Olessa vorbei, die hier links an der Straße liegen. Ersteres ein feines Hotel. Son Olessa, oder auch Oleza, eine wichtige archäologische Stätte der mallorquinischen Frühgeschichte.

Bald kommen die ersten Häuser von Valldemossa in Sicht.

Die weitläufige Landschaft hier ist übersät mit Olivenbäumen. Knorrige, alte Dinger, die über die Jahrhunderte in Wind und Sonne die geschätzten kleinen Früchte produziert haben.

Ihre Besitzer kamen und gingen. Die, die sie pflegten auch.

Der Baum blieb und gab ihnen Arbeit und Einkommen.

Früher waren die Olivenbäume wertvoller als heute. Besonders in den Bergen war die Olivenproduktion eine wichtige Industrie.

Aber die Oliven erobern in den letzten Jahren wieder ihren Part in der mallorquinischen Landwirtschaft.

Große Firmen aus der Pflanzenöl-und Lebensmittelindustrie pflanzen neue Bäume zu hunderttausenden an. Aber natürlich nur dort, wo die Ernte einfach ist.

Im flachen Inselinneren. Dort, wo das Ernten schneller geht als hier in den Bergen.

Man lässt die Bäume auch nicht mehr so hoch wachsen. Bei den niedrigen Bäumen ist das Abernten mit dem elektrischen Schüttelgerät, das der Pflücker in der Hand hält, wesentlich einfacher. Weniger anstrengend als früher das Schlagen mit langen Stöcken an den hochgewachsenen Bäumen.

Mir persönlich schmecken die *olives trencades*, die aufgeschlagenen, leicht bitteren mallorquinischen Oliven am liebsten. Vor ein paar Jahren habe ich sogar einmal selbst welche eingelegt, als mein Freund Fernando eine besonders reiche Ernte hatte und gar nicht mehr wusste, wohin mit den ganzen Kilos.

So träume ich beim Laufen dahin, als sich der Führstrick plötzlich ruckartig spannt und ich Geräusche von knackenden und brechenden Zweigen höre und mein Paulo hektisch schnauft. Ich drehe mich erschrocken um.

Mein Wanderkumpan liegt am Boden.

Aufrecht liegt er auf dem Bauch und fast ist er im schmalen Straßengraben gelandet. Die langen Beine unter seinem Körper vergraben.

Was ist passiert?

Ich denke bei seiner ständigen Zupferei des Dissgrases am Straßenrand hat er einmal kurz nicht aufgepasst und ist gestolpert oder ausgeglitten. Ich weiß es nicht.

Er kommt aber sofort wieder hoch. Stellt sich unter großem Prusten auf seine Beine. Zittert ein bisschen und stiert mich mit hektischem Blick an.

Die Last liegt unverrutscht auf seinem Rücken. Nichts ist heruntergefallen.

Ich mache einen schnellen Ladungscheck. Alles noch fest.

An einem Vorderbein sehe ich ein paar Blutsspuren. Tropfen eher. Eine kleine Schramme. Nichts Schlimmes. Ich fühle ihm alle Beine ab. Kontrolliere die Hufe.

Nichts zu sehen. Für mich ist keine Verletzung erkennbar. Beim Abfühlen bleibt Paulo auch ganz ruhig. Zuckt nicht einmal.

Es ist zum Glück nichts passiert.

Mein Puls geht deutlich schneller nach diesem Schreck am Morgen.

Wäre meinem Paulo etwas zugestoßen, Gelenkschaden oder was weiß ich, unsere Reise wäre hier und jetzt zu Ende gewesen.

Hier an der Landstraße kurz vor Valldemossa morgens um neun Uhr.

Ich darf nicht darüber nachdenken.

Uff, da muss er aber in Zukunft besser aufpassen – und ich besser führen.

Die Gefahren im Voraus ahnen, die meinem Transporteur drohen; fern von seiner Weide im heimatlichen Calvià.

Bis nach Valldemossa in den Ortskern wollen wir nicht hinein. Zuviel Verkehr, zu viele Leute und Lärm. Nichts für meinen Paulo und auch nicht so recht was für mich.

Wir wollen vorher links abbiegen und auf der Landstraße weiter laufen bis zum kleinen Kloster Trinitat wenige Kilometer hinter Valldemossa Richtung Deià.

Etwas versteckt liegt das kleine Kloster, eine Ermitage, an den Hängen der Serra.

Oberhalb der Landstraße führt eine schmale Straße bis an die Gebäude. Mehrmals bin ich dort schon mit dem Auto gewesen.

Lassen die Mönche mich auf dem Picknickplatz übernachten, will ich bleiben.

Das ist meine Planung für heute.

Schauen wir mal, wie man uns empfängt. Soweit sind wir aber noch nicht.

Wir biegen nach links ab und bleiben auf der MA-10.

Gleich hinter der Abzweigung kommt eine Tankstelle. Die ist unser Haltepunkt. Perfekt zur Versorgung von Mensch und Tier. Und nicht nur für die Autos.

Zuerst einmal brauchen wir Wasser. Paulo hat bisher kaum getrunken. Er wollte einfach nicht. Aber bevor es weitergeht, will ich ihm einen Eimer hinstellen.

Und ich brauche dringendst einen heißen Milchkaffee.

Die letzte halbe Stunde beim Laufen war es schon fast zur Obsession geworden. Meine Gedanken kreisen nur noch um einen Kaffee.

Neben der Tankstelle ist eine kleine Caféteria. S´Estaca steht oben in großen Buchstaben dran. Sieht aber geschlossen aus das Lokal.

Zuerst besuche ich den Tankwart und frage nach Erlaubnis wegen Wasser für Paulo.

Nimm dir, was du brauchst, ist seine Antwort.

Der Tankwart hat einen südamerikanischen Akzent. Argentinien oder Uruguay.

Später kaufe ich bei ihm noch Wasser für mich, Eiswürfel für meine Kühltasche und ein Schokoladeneis. Letzteres auch für mich. Mit doppelter Lage Schokolade.

Man gönnt sich ja sonst nichts.

Ich frage den Tankwart wegen der Caféteria. Die Frau schließt bestimmt gleich auf, sagt er nur.

Na, hoffen wir es. Ich versorge zuerst Paulo. Der ideale Platz ist es nicht hier beim vielen Hin und Her der Autos. Paulo nimmt es aber gelassen. Autos stören ihn eher wenig. Ein besonders lautes Motorrad kann ihn schon einmal unruhig machen.

Sonst hat er keine Berührungsängste mit dem Straßenverkehr und Lärm.

Von unserem Platz aus an der Reifenluftstation sehe ich eine Frau die Tür zur Caféteria öffnen.

Zwei Minuten werde ich ihr gnädiger Weise lassen. Dann hat sie mich als ersten Gast.

Bei meinem Eintritt schaut sie etwas überrascht, sagt aber nichts von wegen die Kaffeemaschine ist noch nicht in Betrieb oder kommt mit ähnlichen Ausflüchten.

Ich frage nach einem Café con leche, corto de café.

Dos Minutos y se lo preparo el café. Na, zwei Minuten kann ich gerade noch warten.

Sie verschwindet kurz nach draußen, kommt zurück und macht sich an die Arbeit mit meinem Kaffee.

Der wärmt mich jetzt richtig durch. Zwar bin ich hier nicht

unbedingt frierend in Valldemossa angekommen, aber mit einer schönen Tasse Kaffee im Leib sieht das Leben schon ganz anders aus.

Ich beobachte Paulo aus der Tür heraus. Der steht unverändert ruhig an seiner Leine angebunden. Er vermisst mich anscheinend nicht.

Das Zeichen für mich, noch ein Schinkenbrot mit Tomate zu bestellen. Das kommt auch ziemlich schnell. Für unterwegs bestelle ich noch gleich eines dazu.

Mit diesem guten Frühstück können wir uns wieder auf die Landstraße begeben.

Es ist jetzt genau zehn Uhr.

Leider vergesse ich, den Tankwart um einen Stempel für mein kleines Buch zu bitten.

An der Tankstelle hätte es bestimmt einen Stempel gegeben.

Die Ermitage Trinitat

Kaum sind wir von der Tankstelle losgegangen, hält mich ein älterer Mann an.

Er kommt, wohl mehr zufällig, zu Fuß aus einer breiten Hofeinfahrt heraus und guckt deutlich überrascht, als er uns sieht.

Wo wir denn herkommen und hin wollen?

Ich erkläre ihm unsere Reise. Meine Idee mit der Wanderung bis zum Kap Formentor.

Er schüttelt mit dem Kopf. Ja früher, da hat er auch Esel und Maultiere gehabt.

Aber heute wären die mallorquinischen Straßen nicht mehr für das Fahren und Laufen mit Tieren geeignet. Zuviel Verkehr.

Unrecht hat er vielleicht nicht. Aber das wird uns nicht vom Weiterlaufen abhalten.

Pessimistische Erklärungen will ich nicht hören.

Mucha suerte wünscht er uns noch. Ja, das können wir gut brauchen.

Jetzt kommt ein heikler Straßenabschnitt.

Fast eine Allee mit den hohen Bäumen. Dutzende dicht bekronte, uralte Platanen stehen hier. Über ein paar hundert Meter verläuft die Straße schnurgerade.

Links und rechts kein Fußweg. Nur ein paar Gras bewachsene Lücken am rechten Straßenrand zwischen den Bäumen. Hier könnte man im Notfall vor einem übereifrigen Schnellfahrer ausweichen.

Auf der gegenüberliegenden Seite eine niedrige Betonmauer.

Wir bleiben mal besser auf unserer Seite mit den Bäumen. Laufen mit dem Verkehr.

Ich hoffe, dass man Paulos Hinterteil und die weit ausladenden Packtaschen gut erkennen kann. Auch als rasender oder unaufmerksamer Autofahrer.

Wir rennen los. Paulo kooperiert perfekt. Er eilt an lockerer Leine hinter mir her.

Spürt er meine Nervosität? Wahrscheinlich. Er merkt: Hier dürfen wir nicht trödeln.

Man könnte meinen, wir sind schon im Schutzbereich des Klosters Trinitat.

Kaum ein Auto überholt uns. Und die wenigen, die uns überholen, halten einen guten seitlichen Abstand von uns. Keine Lastwagen. Kein einziger Ausflugsbus.

Fast könnte man die Straße als leer bezeichnen.

Nach zehn Minuten haben wir die Engstelle hinter uns. Gut gelaufen!

Am Zaun eines kleinen Olivenhains halten wir an. Um wieder zu Atem kommen.

Jetzt brettert mit rasender Geschwindigkeit ein Lieferwagen einer bekannten Eiskremmarke aus Richtung Valldemossa heran. Speiseeis muss wohl schnell zum Kunden gebracht werden, geht mir so durch den Kopf.

Kaum ist er an uns vorbei, hält er urplötzlich an. Wendet fast auf der Straße.

Nur die platte Schnauze des bunten Vehikels fährt der Eisverteiler auf den gegenüberliegenden Seitenstreifen. Setzt zurück und in einem wahren Raketenstart geht es wieder zurück nach Valldemossa.

Gut, dass wir hier jetzt in sicherer Position stehen.

Eine Beobachtung, die ich beim Laufen auf den Bundesstraßen machte:

Die rücksichtslosesten Fahrer sitzen in den Lieferwagen. In den kleinen Transportern bekannter Getränkemarken, Paketdienste und Auslieferer für Supermarktketten.

Sie scheinen immer in allergrößter Eile zu sein.

Das genaue Gegenteil sind die Fahrer der großen Omnibusse. Der Ausflugsbusse für Touristen. Sie halten zumeist reichlich seitlichen Abstand von uns.

Bremsen nie in allerletzter Sekunde mit schrillem Gequietsche ab. Begegnen wir uns an engen Stellen, fahren sie oft extra langsam oder halten sogar an.

Bei den LKW Fahrern gibt es solche und solche. Richtige haarige Situationen habe ich aber mit den großen Lastwagen nicht erlebt.

Jetzt ist es nur noch ein kurzes Stück auf der Landstraße und wir erreichen die

Abzweigung, die rechts hoch zum Kloster führt.

Der Weg geht leicht bergauf. Ein paar Häuser stehen hier. Alle mit Traumaussicht.

Unten strahlt das blaue Mittelmeer. An diesem Vormittag leuchtet es ganz besonders.

Die mallorquinische Westküste mit den steil abfallenden Felsformationen ist einfach eine der schönsten Gegenden der Erde.

Der Habsburger Erzherzog Ludwig Salvator wusste schon, warum er gerade hier große Ländereien gekauft hat. Ein Mann mit Geschmack. Und mit den nötigen finanziellen Mitteln...

Je näher man dem Kloster kommt, umso enger wird die Straße. Zum Schluss stehen die Steinmauern beidseitig so eng, dass man, fährt man hier mit dem Auto durch, Angst hat anzuschrammen. Nun, heute mit meinem Paulo ist Platz genug.

Selbst mit den breiten Packtaschen bleibt genügend seitlicher Abstand.

Und so ist die Straße wohl einmal vor langer Zeit gebaut worden. Für Packtiere und für die Fuhrwerke, die von Maultieren, Pferden oder Eseln gezogen wurden.

Wir erreichen den Vorhof des Klostergebäudes. Rechts etwas höher liegend ist der Picknickplatz mit steinernen Tischen.

Ich sehe, wie ein älterer Mönch, gekleidet in einer grauen Kutte, eine große orangene Gasflasche aus einer Garage holt und mit viel Lärm über den Boden rollt. Bombona de Butano heißen diese Gasbehälter in Spanien. Ich rufe laut, aber er scheint mich nicht zu hören.

Ich lasse Paulo einfach stehen und laufe schnell zu dem Mönch hin.

Da hört er auch sofort mit dem Schieben der Gasflasche auf.

Ohne viel Umschweife frage ich nach dem üblichen *Buenos dias*, ob ich mit meinem Esel hier auf dem Picknickplatz übernachten könnte.

Ja, natürlich ginge das. Aber, wo ist denn der Esel? Fragt er mich.

Ich bin etwas überrascht über diese Frage.

Paulo ist mir gefolgt und steht direkt hinter mir. Ich höre seine lauten Atemzüge.

Ich zeige auf Paulo, und der Mönch kommt uns einen Schritt entgegen.

Paulo schiebt sich auch noch ein Stück vor und an mir vorbei und der Mönch, Don Mouro heißt er, wie er sich später vorstellt, kann Paulo anfassen.

Don Mouro streicht Paulo die Stirn.

Wahrscheinlich gab es noch, für mich nicht erkennbar, ein kurzes Gebet für ihn.

Don Mouro segnet ihn. Mein langohriger Wanderfreund steht stocksteif da.

Hält fast den Atem an. Ein sehr emotionaler Moment.

Spürt Paulo, dass wir hier an einem besonderen Ort sind?

Ich ziehe schnell die Kamera aus der Hosentasche und mache ein paar Fotos.

Diese drei Fotos, hier am Vormittag in Trinitat gemacht mit Don Mouro und Paulo, sind für mich mit die schönsten Fotos der ganzen Wanderung.

Jetzt stellt sich der Mönch nochmals mit Händedruck bei mir vor. Er wäre der *ermitaño* Mouro, sagt er mir.

Später erfahre ich von Gabriel, dem einzigen anderen Mönch, den ich hier kennenlernte, dass Don Mouro fast blind ist.

Daher wohl seine Frage bei unserer Ankunft, wo denn der Esel sei.

Erst als die beiden sich dann ganz dicht gegenüberstanden, erkannte oder spürte der alte Mönch den Esel.

Ich suche mir jetzt einen Lagerplatz. Hier unter den vielen Steineichen im Schatten ist es fast kühl. Eine angenehme Temperatur für die sommerliche Zeit.

Ich befreie Paulo von seiner Last und lasse ihn frei laufen. Weit entfernen kann er sich hier nicht. Leider findet er nichts am Boden. Dunkle Waldböden geben nicht viel Fressbares für ihn her. Reife Eicheln liegen auch noch nicht am Boden. Die kommen erst viel später im Jahr.

Ich ruhe mich ein bisschen aus. Mache kurze Notizen in mein Buch und esse mein mitgebrachtes Schinkenbrot.

Mit der Wahl unseres Lagerplatzes hier bei den steinernen Picknicktischen bin ich nicht so recht zufrieden.

Sollten heute Ausflügler kommen, sind wir im Wege. Außerdem will ich die Anlage nicht mit Paulos Dung beschmutzen.

Ich sehe mich ein bisschen um und wähle einen Platz weiter unten aus. Dort sind Terrassen angelegt. Wir sind auch niemandem im Wege. Leider muss ich jetzt wieder reichlich schleppen. Bei dem kurzen Stück lohnt sich das Aufpacken auf Paulo nicht.

Als ich fertig bin, hänge ich meine Hängematte auf. Ich muss mich ausstrecken.

Und dabei bin ich wohl eingenickt. Vormittagssiesta.

Nach einiger Zeit wache ich plötzlich auf. Hatte ich Geräusche gehört?

Paulo ist eine Terrasse höher an einem Baum angebunden. Sofort richte ich meinen Blick in seine Richtung nach oben.

Träume ich oder was ist hier los? Sitzt jemand im Sattel auf Paulo?

Ein junger Mann guckt freundlich zu mir herunter und grüßt. Und der Mann sitzt auf einem Esel.

Ich bin immer noch ein bisschen erschrocken, als ich ein paar Meter neben dem Mann mit dem Esel meinen Paulo sehe. Der steht unruhig, aber mit keinem Reiter auf seinem Rücken, an seinem Baum.

Jetzt begreife ich es so langsam. Der Mann ist mit einem Esel hier her geritten und der sieht Paulo sehr ähnlich. Eben auch ein Esel der mallorquinischen Rasse.

Später, bei genauerer Betrachtung, sehe ich dann allerdings, dass der Ankömmling um einiges kleiner ist als Paulo.

Ich klettere aus meiner Hängematte und gehe hoch zu meinem Besucher.

José heißt er und arbeitet auf einer großen Finca ganz in der Nähe.

Eine Freundin seiner Frau hätte uns heute Morgen aus dem Auto gesehen und ihnen von einem Mann mit Esel auf Wanderschaft berichtet.

So hat José sich dann auf die Suche gemacht und uns hier am Kloster gefunden.

Als Transportmittel hatte er dazu gleich ganz zünftig einen Esel gesattelt.

Wir reden ein bisschen über Esel und ich erkläre ihm meine Pläne. Er gibt mir noch ein paar Tipps wegen der weiteren Route von hier nach Deià unserem nächsten Ziel.

Der von ihm empfohlene Weg führt zwar von der Landstraße weg, ist aber mit starken Steigungen verbunden.

Das weiß ich von früheren Wanderungen auf dem Luis Salvator Wanderweg. Das lassen wir mal lieber.

Nach einer halben Stunde verabschiedet er sich und verspricht mir heute Abend nochmals wiederzukommen.

Für heute Nachmittag hat sich meine Logistikpartnerin Loli angemeldet. Ich hatte ihr schon unseren Aufenthaltsort per Telefon genannt. Sie kennt die Klosteranlage.

Zu Hause hatte ich ein paar fertig gepackte Taschen mit sauberer Kleidung und Proviant stehen gelassen. Dazu einen Sack geschroteter Mais.

Eine Tasche für mich und ein paar Kilo Mais für Paulo soll Loli uns heute bringen.

Auf ihren Besuch freue ich mich schon.

Ich sehe ich mich ein bisschen in der Klosteranlage um.

Ein richtiger Luxus für mich: Die Toiletten, die außerhalb des eigentlichen Klosterbereichs liegen. Die kann ich benutzen und hier kann ich Wasser holen.

Im kleinen Laden des Klosters kaufe ich ein paar Souvenirs. Mehrere bunte *cintas* und Schüsselanhänger.

Dabei frage ich den Mönch, der mir die Sachen verkauft, ob man mir einen Stempel in mein Buch geben könnte.

Ja, das ginge wohl. Er würde mit dem Prior reden.

Der Mönch heißt Gabriel und ist gebürtig aus Sóller, wie er mir erzählt.

Er ist der einzige, der Kontakt mit der Öffentlichkeit hat.

Einige Wochen nach Abschluss der Reise besuche ich mit meinem Freund Jan das Kloster und bringe ein paar ausgedruckte Fotos von Mouro mit Paulo vorbei.

Gabriel hat mich dann auch gleich, ohne vorher die Fotos gesehen zu haben, wieder erkannt.

Als ich ein Jahr später die Ermitage wieder einmal besuche und Souvenirs kaufe, da erzählt er mir, dass Mouro verstorben wäre. An Krebs.

Eine der *cintas* befestige ich an Paulos Halfter. Ein bisschen Extraschutz für ihn.

Am Spätnachmittag kommt Loli mit ihrer deutschen Freundin Ursula. Loli hat ein paar Jahre in Dortmund gelebt und unterhält immer noch Freundschaften dorthin.

Wir trinken zur Begrüßung ein Glas kalten Rosado Wein. Den hatte sie mitgebracht. Sie denkt an alles.

Gemeinsam laufen wir ein bisschen herum. Was mich besonders beeindruckt, ist der gepflegte Gemüse-und Kräutergarten. Ein kleines Juwel.

Beide machen noch ein kurzes Probeliegen in meiner Hängematte.

Nach einer Stunde verabschieden sie sich. Man will noch ein bisschen Sightseeing an der Westküste machen. Das verstehe ich.

Gelegentlich kommen Touristen im Auto an. Machen Fotos. Laufen ein bisschen herum und fahren dann meist schnell wieder weg.

Wanderer sehe ich kaum. Die Jahreszeit ist schon zu heiß für die meisten Leute zum Wandern. Nur wir müssen natürlich unterwegs sein.

Am frühen Abend kommt José, der Eselreiter von heute Vormittag wieder. Diesmal bringt er seine Frau Aina mit. Hochschwanger. In den letzten Wochen.

Jetzt sind sie im Auto gekommen und nicht auf Eseln reitend.

Für Paulo haben sie Körnerfutter und ein bisschen Heu mitgebracht. Man merkt, sie sind Profis. Beide arbeiten zusammen auf einem großen landwirtschaftlichen Betrieb hier in Valldemossa und betreuen die Pferde, Maultiere und Esel.

Aina treffe ich zwei Jahre später bei einem Kurs „ Landarbeit mit Mulis" im Dorf Sant Llorenç im Norden von Mallorca. Das gemeinsame Kind, ein Mädchen namens Sibilla, sehe ich erst drei Jahre später bei einem Treffen in S´Arracó.

Wir reden ein bisschen über meine Wanderung. Sprechen über die Landarbeit mit Tieren und die biologische Landwirtschaft. Alles noch in den Kinderschuhen auf Mallorca, aber im Kommen.

Nach einer Stunde verabschieden sich die beiden, und ich bleibe alleine mit Paulo zurück.

Den binde ich jetzt los und lasse ihn ein bisschen frei laufen. Er hat lange genug angebunden gestanden, und eine Nacht steht ihm noch an seinem Baum bevor.

Aus der Toilette am Kloster hole ich mir ein paar Kanister Wasser und dusche einmal ausgiebig. Ist bestimmt auch nötig.

Später esse ich ein bisschen. Hier wage ich auch endlich einmal meinen Kocher in Betrieb zu nehmen.

Auf dem großen betonierten Vorplatz des Klosters kann aus meiner Sicht nichts passieren beim Feuermachen. Ein kräftiger Eintopf aus der Konservendose ist mein Abendessen heute.

Dazu den Rest Rosado vom Nachmittag. Kurz vor Einbruch der Dunkelheit kommt Paulo wieder an seinen Baum. Viel zu fressen hat er sicher nicht gefunden.

Aber zumindest konnte er sich die Füße vertreten.

Die Nacht ist ruhig. Ich schlafe tief und fest in meiner Hängematte und wache bis kurz vor sechs kein einziges Mal auf. Es ist für mich nicht so einfach, die richtige Schlafposition in der Hängematte zu finden, aber schlafe ich einmal ein, geht es gut.

Gleich nach dem Aufstehen binde ich Paulo los und lasse ihn wieder laufen.

Dazu stelle ich ihm seine Morgenration Mais und Wasser hin. Da ist er beschäftigt.

Für mich gibt es einen heißen Tee. Ich schleppe den kleinen Gaskocher wieder auf den Vorplatz und braue mir dort mein Morgengetränk.

Mein Körper ist ausgekühlt vom Schlafen in dem dünnen Schlafsack. Es wird hier nachts im Wald an der Westküste ziemlich kalt. Da ist eine Tasse heißer Tee der richtige Beginn eines harten Tages. Und der erwartet uns heute wieder.

Wir wollen mindestens bis Deiá und am besten noch ein paar Kilometer weiter kommen.

Der heutige Vormittag wird es in sich haben.

Nur weiß ich das zu dieser frühen Stunde noch nicht.

Die große Klostertür ist noch geschlossen.

Kurz nach neun Uhr wird das Portal geöffnet. Nach ein paar Minuten gehe ich hinein zum Laden und drücke auf die Klingel. Gabriel kommt ziemlich schnell an die gläserne Schiebetür und nimmt mein Buch.

Ich warte im Klosterpatio. Setze mich auch noch für einige Minuten in die Kapelle.

Es dauert einige Zeit, bis Gabriel mit dem Buch wiederkommt.

Einen Stempel von der „ERMITA DE STMA. TRINITAT" hat man mir ins Buch ins Buch gedrückt. Dazu eine Unterschrift von Gabriel mit dem Tagesdatum.

Deià

Um kurz vor zehn sind wir endlich unterwegs.

Sehr spät. Aber ohne Stempel wollte ich hier nicht loslaufen.

Dieses Siegel vom Kloster war mir wichtig.

Der erste, ganz offizielle Nachweis einer religiösen Stätte von unserer Pilgerwanderung.

Jetzt suche ich den Abstieg zur Landstraße. Gar nicht so einfach. Es gibt etliche Pfade und Wege, und wir verlaufen uns mehrmals.

Ein richtiges Labyrinth ist es hier im dichten Wald.

Es dauert bestimmt eine lange halbe Stunde, bis wir endlich auf dem Asphalt der Landstraße, der MA-10, stehen.

Gegenüber vom Hotel „El Encinar" treten wir zwischen den Bäumen heraus.

Auf der Straße ist schon ganz schön viel Verkehr. Und das ändert sich auch nicht bis Deià. Eine Rennstrecke für alle motorisierten Verkehrsteilnehmer ist diese gut ausgebaute Straße. Autos und Motorräder. Letztere in der Minderzahl, aber dafür um einiges lärmiger. Alle Fahrer fühlen sich wie Fernando Alonso oder Jorge Lorenzo.

Schnell, schneller am schnellsten... Statt sich die Landschaft anzusehen.

Und ich mit meinem Esel im langsamen Entschleunigungsgang. Die zwei Stunden, die wir hier bei der Hitze unterwegs sind, sind grenzwertig.

Die wunderschöne Landschaft kann ich an diesem sonnigen Vormittag nicht so recht bewundern.

Ich muss mich auf unser sicheres Vorankommen auf der Straße konzentrieren.

Die Olivenhaine beidseitig der Straße und einige der alten Herrenhäusern und Gehöfte zeigen wieder einmal Mallorca von seiner schönsten Seite.

Rechts die hohen Zacken der Serra, über die die Sonne schon hinweg scheint.

Links weit unten das glitzernde Mittelmeer. An diesem sommerlichen Vormittag wirkt die Wasseroberfläche, wie so häufig um diese Jahreszeit, fast glatt, als wäre sie poliert.

Glänzend wie ein Spiegel.

Keine noch so kleine Welle bricht die die fast schmerzende Helle.

Der starke Farbkontrast zwischen den silbergrünen Olivenbäumen und dem blauen Wasser des Mittelmeeres ist einmalig.

Doch dafür haben die vielen Schnellfahrer, so scheint es, keinen Blick.

Um Punkt zwölf erreichen wir den Ortseingang von Deià.

High noon für Touristenbusse, Lieferwagen und Rent-a-cars.

Welch' ein Trubel.

Alle wollen das Künstler Ambiente von Deià erleben. Das ist bei dem touristischen Auftrieb eher schwierig zu finden, stelle ich mir vor.

Wir bahnen uns den Weg durch die kamerabewaffneten Massen auf der Straße und den Gehsteigen. Wir sind das exotische Objekt der Hobbyfotografen.

An einer Stelle hilft uns ein freundlicher Lokalpolizist. Er stoppt einfach den Verkehr und lässt uns einen schmalen Straßenabschnitt ganz alleine laufen. Toll!

Von ihm könnte sein Kollege aus Puigpunyent noch so einiges lernen.

Eigentlich hatte ich mir hier Brot kaufen wollen. Ich wage es aber nicht, Paulo ein paar Minuten alleine zu lassen. Angebunden zwischen den vielen Menschen.

Ich sehe zu, dass wir schnell durchkommen. Paulo kooperiert. Bis an einem hölzernen Fußweg. Eine Art Brücke. Gebaut neben der eigentlichen Straße. Dort will er nicht drauftreten. Wir müssen über die Landstraße weiter. Die Autofahrer haben aber ein Einsehen und lassen uns ausreichend Raum oder halten sogar ganz an.

Das nutzen sie dann für ein schnelles Foto durch die Windschutzscheibe oder aus dem herunter gekurbelten Seitenfenster.

Schon etwas am Ortsausgang gelegen erreichen wir das Haus von Robert Graves.

Ein englischer Dichter und Schriftsteller, der hier lange

gelebt hat und einer der Begründer von Deià als Künstlerdorf ist. Auf dem Dorffriedhof kann man sein schlichtes Grab sehen.

Ich glaube, einer seiner Söhne ist auch Künstler und wohnt heute noch im Ort.

Das Haus von Graves ist heute ein Museum.

Dort will ich nach Wasser für Paulo fragen.

Von Robert Graves soll der Ausspruch stammen:

Man muss sich immer wieder klarmachen, wie widerwärtig das städtische Leben ist.

Was würde er heute zu seinem Deià sagen?

Städtisch sicher nicht, aber von einem ruhigen Künstlerdorf ist im Hochsommer nichts zu spüren.

Ununterbrochen werden Busladungen von Touristen herangebracht, die in der Saison tag ein, tagaus das Dorf überschwemmen.

Auf der schnellen Suche nach dem vermeintlichen Künstlerambiente.

Direkt an der Straße binde ich Paulo an einem Eisengitter an.

Ich gehe hinein in das Kartenhäuschen, in dem eine Frau gelangweilt sitzt.

Wohl die Karten- und Souvenirverkäuferin.

Sie frage ich nach Wasser für meinen Esel. Sie nickt mit genervtem Gesichtsausdruck in die Richtung weiter hinten im Garten. Dort sind die Toiletten. Eine knappe Geste, aber klar und deutlich.

Das mit dem Esel ist augenscheinlich nicht bei ihr angekommen. Sonst hätte sich ihr Gesichtsausdruck sofort verändert.

Als ich wieder zurückkomme, steht die Kartenverkäufern dann aber doch lächelnd neben Paulo und streichelt ihm das Fell.

Sie hatte es nicht so richtig verstanden mit dem Esel vorhin und musste erst noch einen Blick nach draußen werfen.

Das sagt sie mir jetzt. Sie wollte sich versichern, ob sie richtig gehört hatte.

Da entdeckte sie dann meinen geparkten Wanderkollegen.

Jetzt ist sie wie ausgewechselt und spricht freundlich mit mir: Der Paulo-Effekt.

Er bringt die Leute auf unsere Seite.

Sie hält jetzt sogar den Wassereimer, aus dem Paulo trinkt.

Mit ihm im Mini-Team kommen wir an. Ohne ihn würde man mich nicht einmal grüßen.

Wäre ich ein Wanderer wie viele andere auch.

Zu uns gesellt sich jetzt noch ein großer Mann in meinem Alter. Unterm Arm trägt er einen Pappkarton voll mit trockenem Brot. In kleinen Scheiben. Manche schwarz angebrannt. Die will er seinen Schafen bringen, erklärt er mir.

Die grasen gegenüber unter Olivenbäumen. Bevor er die Straße überquert, bekommt Paulo aber noch eine ordentliche Ration Brot von ihm. Auch dieser Mann ist von Paulo seiner Größe beeindruckt und voll des Lobes.

Ich habe einfach den schönsten Esel Mallorcas...

Bei der Kartenverkäuferin kaufe ich noch ein paar Ansichtskarten. Mit Motiven aus alten Zeiten. Mallorquinische Trachten und Ackergeräte.

Ich kaufe die Karten eigentlich nur als kleine Geste der Frau gegenüber. Als Dank für das Wasser und die Toilettenbenutzung.

Leider vergesse ich auch hier wieder. nach einem Stempel zu fragen.

Bei dieser Vergesslichkeit bekomme ich am Ende nur wenige Stempel in mein Wanderbuch.

Wir verabschieden uns und lassen die nette Dame vor ihrem Kartenhäuschen alleine zurück.

Ein freundliches Lächeln noch von ihr und *buen camino*.

Von Deià nach Sóller

Es ist kurz nach ein Uhr und die Sonne brennt gnadenlos herab vom Mittelmeerhimmel. Hier an der Küste weht eine kleine Seebrise, aber viel bringt sie heute nicht.

Meine Planung ist es, jetzt möglichst bald einen guten Lagerplatz zu finden.

Für die Mittagspause. Ich muss was essen. Und Paulo auch. Das Brot war nur ein Lückenfüller und unterwegs an der Landstraße habe ich ihn kaum fressen lassen.

Ich wollte die Rennpiste schnell hinter uns bringen.

Hier, am Ortsausgang von Deià, wollen wir wieder auf dem GR-221 laufen.

Diese Route führt vom Südwestzipfel der Insel beim kleinen Dorf Sant Elm hoch durch das ganze lange Gebirge, die Serra de Tramuntana, bis nach Pollença im Norden.

An einigen Strecken muss man leider immer noch auf die Landstraße ausweichen, weil manche der Landeigentümer dem Wanderer keinen Durchgang über ihren Grund und Boden erlauben.

Zwischen ein paar kleinen Wohnhäusern zweigt der GR-221 von der Landstraße ab und es geht steil hoch in einen lichten Pinienwald.

Hier am Beginn des Waldes suche ich uns eine etwas geschützte Stelle und das wird unser heutiges Mittagslager.

Nicht ganz so ideal, da trotz der Bäume nur wenig Schatten vorhanden ist.

Egal. Ein oder zwei Stunden ist jetzt Ruhe angesagt. Am Ende werden es drei.

Es ist schon halb fünf, als wir wieder aufbrechen.

Kurz vor dem Aufbruch frage ich ein deutsches Wandererpaar, das zufällig gerade den Weg herunterkommt, ob sie denken, dass ich mit meinem Esel den Weg problemlos laufen kann. Ob es Hindernisse gebe für ein Tier.

Der Mann schaut sich Paulo an. Ich erkläre ihm das Problem mit den Packtaschen, die in dem Moment noch auf dem Boden liegen. Er wiegt den Kopf nachdenklich.

Guckt sich wieder Paulo und unsere Ausrüstung an. Sieht schließlich mich an.

Ich denke, es geht, antwortet er am Ende. Dabei tief ausatmend. Ihm schien die Entscheidung schwer zu fallen.

So laufen wir mutig los.

Nach meiner vormittäglichen Erfahrung auf der Landstraße von Trinitat nach Deià mit Dutzenden von Schreckmomenten möchte ich jetzt gerne auf einem richtigen Wanderweg laufen. Unbehelligt von rasenden Auto-und Motorradfahrern.

Die Landstraße wäre nur eine Notlösung gewesen, wenn der GR-221 hier nicht eselgerecht angelegt gewesen wäre.

Die andere Möglichkeit, ganz unten an der Küste, dicht am Meer entlang, auf dem *Camì des pintors*, dem Malerwanderweg von Deià über Llucalcari bis zum feinen Restaurant Bens de Avall kommt nicht in Frage.

Ein elf Kilometer langer, steiniger Weg, der mit viel Kraxelei verbunden ist, die ich meinem Paulo nicht zumuten will.

Die Maler können ihn gerne laufen. Wir nicht.

Der GR-221 ist meine erste Wahl.

Es geht die ersten Minuten steil bergauf. Die Hitze ist noch gewaltig und so läuft der Schweiß ununterbrochen. Von der Seebrise spüren wir wieder nichts.

Die Thermik hat sich für heute verabschiedet.

Trotzdem kommen wir gut voran.

Die Aussicht auf die See von hier oben ist spektakulär.

Das Mittelmeer gibt sich heute alle Mühe, seinem Image gerecht zu werden.

Etliche Boote sind zu sehen, die parallel zur Küste fahren.

Segeln kann heute keiner. Es weht nicht die geringste Brise.

Dann passiert uns eine kleine Havarie.

An einem eisernen Tor schrammt Paulo mit der linken Packtasche an einer vorstehenden Stütze. Das Segeltuch der Tasche wird etliche Zentimeter aufgeschlitzt.

Ein hässliches Geräusch von reißendem Stoff.

Zum Glück fällt nichts heraus.

Das Tor war breit genug. Zwei Esel hätten sich dort leicht begegnen können.

Was ihn bewogen hat, so vom Kurs abzukommen, weiß ich nicht.

Ein paar Minuten später schrammt er dann mit der rechten Packtasche an einer Trockenmauer entlang. Diesmal ist der Riss deutlich länger und ich muss eine dünne Leine um die Tasche spannen damit nichts herausfällt.

Kann er nicht besser aufpassen? Oder habe ich als Führer geschlafen?

In Zukunft bin ich bei Toren vorsichtiger und ich halte ihn von Trockenmauern, so gut es geht, auf Abstand.

Ein paar Wanderer begegnen uns hier oben. Wenige nur.

Welche Ruhe findet man als Mensch in den Bergen abseits von überlaufenen Orten wie Deià. Und das liegt nur ein paar Kilometer zurück.

Einfach schön ist es hier oben am Hang der Serra.

Nur auf Korsika habe ich dieses direkte Nebeneinander von

Hochgebirge und Hochsee kennengelernt. Und Korsika ist gar nicht so weit von Mallorca entfernt.

Auch an der Costa Brava zwischen der Bucht von Roses und Cap de Creus liegen Meer und Gebirge eng beieinander.

Eine gewaltige Landschaft im Norden Kataloniens am Golfe du Lion.

Dort, wo die Pyrenäen beim Cap de Creus im Meer versinken.

Die Bucht und das Dorf von Cadaqués sind von ausnehmender Schönheit.

Aber alles kein Vergleich mit dem hier, wo ich jetzt wandere.

Die Westküste von Mallorca bleibt einmalig.

Verlässt man die bekannten Orte der Sehenswürdigkeiten und begibt sich auf einen Wanderpfad, eröffnet sich einem sofort das „andere Mallorca", wie es so schön heißt.

Selbst Paulo hält gelegentlich von alleine an und schaut auf das blaue Wasser.

Was sieht er aus seiner Eselsicht dort unten?

Einmal kommen wir an einem kleinen Häuschen vorbei, an dem ein verwittertes hölzernes Schild hängt: *Habitaciones*; steht drauf. Leider ist kein Mensch zu sehen.

Da hat das Geschäft wohl nicht funktioniert. Hätte es geöffnet gehabt: Hier wäre unsere Wanderung für heute beendet gewesen.

Geeignete Stellen für ein Biwak sehe ich an der ganzen Strecke genug. Aber wir gehen weiter. Es wird sich später auch noch ein gutes Plätzchen finden lassen.

Paulo ist in guter Laufform. Außer dass er sich gelegentlich eine Diss Ähre zupft, folgt er mir fast auf dem Fuß. Den Führstrick habe ich längst auf seinen Rücken geworfen.

Er läuft auch so im dichten Abstand hinter mir her.

Manchmal gibt es steile, abschüssige Stellen, aber Paulo meistert sie ohne Probleme.

An extremen Abhängen bleibt er kurz stehen, schnuppert mit heruntergebeugtem Kopf und sieht sich den Pfad, den steinigen Boden, ganz genau an.

Danach beginnt er seinen vorsichtigen Abstieg. Man merkt es: Esel sind Gebirgstiere.

Im Gebirge heißt es aufpassen. Langsames und vorsichtiges Voranschreiten sitzt den Eseln in den Genen.

Das fluchtartige Wegrennen der Pferde vor einem Feind oder einer Gefahr, perfekt in den offenen Savannen, kennen Esel nicht. Das wäre im Gebirge tödlich.

Ihre manchmal bockige Haltung und die Weigerung weiterzugehen ist nichts weiter als instinktives Sicherheitsdenken. Der Esel sieht etwas, was er als Gefahr wahrnimmt.

Er bleibt stehen und überlegt, wie groß die Gefahr ist und wie er am besten aus dieser Situation herauskommt. Für viele Menschen ist das dann die typisch eselige Sturheit.

Trotz der Hitze und gelegentlicher Stopps kommen wir noch gut voran.

Als wir schon fast am Abstieg zur Landstraße sind, bietet sich uns ein grandioser Blick über die Bucht von Sóller und die hohen Berge dahinter.

Der Puig Major genau gegenüber Richtung Nordosten.

Der höchste Berg Mallorcas ist leicht erkennbar an der weißen Radarkuppel auf dem leider nicht zugänglichen Gipfel.

Sein nächster Nachbar ist der Penyal del Migdia. Nur wenige Meter niedriger.

Die Cornadors rechts vom Barranc de Biniaraix sind klar auszumachen.

Die Dörfer Fornalutx und Biniaraix weit unten kann man ebenfalls sehen.

Noch weiter nach nach Osten liegt die langgestreckte Serra de Alfabia mit ihren vielen Antennenmasten und

etlichen Gipfeln, die etwas über die Tausend –Meter-Marke reichen. Eine der windigsten Bergregionen Mallorcas.

Unterhalb der Alfabia liegt die kleine Stadt Sóller. Doch kann man von unserem Aussichtspunkt nicht viel von Sóller sehen. Der Ort erstreckt sich tief unten im Tal.

In der Bucht von Sóller dümpeln Dutzende von Yachten vor Anker. Wie Spielzeugboote sehen sie von hier oben aus.

Viele Male habe auch ich dort mit Yachten gelegen. Von Anfang der achtziger Jahre bis noch weit nach der Jahrtausendwende. Dann aber war für mich Schluss mit der Seefahrt.

Manche unruhige Nacht hatten wir dort am Anker, wenn ab Mitternacht die Thermik von den Bergen in die Bucht herunterfegte.

Und die kann ganz höllisch stark blasen in dem runden Gebirgskessel. Denn nichts anderes ist die Bucht von Sóller. Ein Gebirgskessel auf Meeresniveau.

Hohe Berge rundherum und nur ein schmaler Ausgang zur offenen See hin.

Die perfekte Formation für schwere Fallböen.

Wer da nicht weiß, wie er sein Schiff richtig verankert, dem steht eine schlaflose Nacht bevor.

Alles vorbei für mich. Vergangenheit. Pasado, wie es auf Spanisch heißt.

Hier und heute auf der Wanderung bin ich mit anderen Unwägbarkeiten konfrontiert.

Um kurz vor achtzehn Uhr erreichen wir unterhalb von Can Prohens die Landstraße. Auf der müssen wir ein kurzes Stück laufen. Einen extra Wanderweg gibt es hier nicht. Nach ein paar Minuten sind wir wieder auf dem GR-221.

Vorher haben wir noch ein nettes Erlebnis mit einem Omnibusfahrer.

Eine dieser kleinen menschlichen Begebenheiten am Straßenrand.

Als wir auf dem asphaltierten Seitenweg der Landstraße laufen, kommt uns ein Touristenbus entgegen. Voll mit Fahrgästen. Der Bus bremst ruckartig ab, als wir auf der Höhe des Fahrerfensters sind.

Ich erschrecke, aber Paulo bleibt ganz ruhig.

Der Busfahrer steckt den Kopf heraus und fängt auf Mallorquin an zu reden: Heute Vormittag habe ich euch kurz hinter Valldemossa gesehen. Dann später in Deià.

Jetzt hier. Ich treffe euch heute zum dritten Mal. Was macht ihr? Wo wollt ihr hin?

Der nicht mehr ganz junge Fahrer hat einen freundlichen Gesichtsausdruck.

Er ist einfach neugierig und will wissen, was für ein seltsames Paar wir sind.

Ich erkläre ihm unser woher und wohin.

Er guckt etwas irritiert, als ich ihm auf Spanisch antworte und er wohl an meinem Akzent hört, dass ich Ausländer bin. Das passiert häufiger.

Bei meinem Aufzug und mit Paulo im Schlepp hält man mich immer für einen Einheimischen. Ausländer sprechen mich kaum an. Und wenn, dann grüßen sie uns immer auf Spanisch mit Hola.

Meine ausgeblichene Kleidung und mein verbeulter Strohhut lassen wohl den Alemán darunter nicht erkennen.

Der Busfahrer ist beeindruckt von unserer Wanderung und was wir noch vorhaben.

Kap Formentor ist aber noch weit weg meint er. Ja, ja, das weiß ich....

Sois unos valientes; sagt er mit anerkennendem Blick.

Er wünscht uns *una buena caminata* und setzt sein weißes Monstrum wieder in Bewegung. Paulo stand die ganze Zeit unbeeindruckt, trotz des Motorenlärms und des Bremsengezisches, neben mir. Er ist voll verkehrstauglich.

Kurz danach kommen wir an einem schönen Haus vorbei. Eine große Villa mit Swimmingpool. Das Anwesen liegt etwas erhöht, aber ich kann ein junges Paar reden und im Wasser planschen hören. Was sie sich erzählen, verstehe ich nicht.

Ich laufe hier völlig durchgeschwitzt und mit verstaubter Kleidung über den heißen Asphalt und dieses junge Paar vergnügt sich im Wasser. Einer der ganz wenigen Momente auf der Reise, wo ich etwas neidisch wurde. Gerne hätte ich mich an der Planscherei beteiligt...

Wir streben weiter. Ich laufe wie ein Zombie. Immer weiter, weiter, weiter.

Paulo mit hängenden Ohren hinterher.

Würden wir jetzt geradeaus laufen, kämen wir zur Herberge Sa Muleta.

Die liegt ganz romantisch dicht beim imposanten Leuchtturm Kap Gros.

Ich entschließe mich aber für eine Abkürzung. In erster Linie, um weniger Kilometer zu laufen und dann auch wegen Paulo und der anderen Gästen in der Herberge.

Mein Langohr käme bei den vielen Leuten kaum zur Ruhe. Alle möchten ihn immer füttern, streicheln und fotografieren. Das will ich ihm nicht zumuten.

Wir bleiben auf dem GR-221, der hier ein breiter Feldweg ist.

Links und rechts vom Weg liegen ausgedehnte Olivenhaine.

Ich gucke schon mal nach einem brauchbaren Lagerplatz.

Heute ist wieder Biwak geplant. Also ist auch schlafen in der Hängematte angesagt. Genau wie letzte Nacht. Heute dann aber ohne den klösterlichen Schutz.

Dann passiert wieder ein Haker von Paulos Seite. Und ich habe wieder einmal nicht aufgepasst. Meine Rolle als Eselführer vernachlässigt.

Er weicht mit einem Schritt zur Seite einem Gitterrost im Boden aus und bleibt dabei mit einer Packtasche an einem Pfosten hängen. Die ganze Ladung rutscht ihm seitlich vom Rücken und dann auf den Boden. Mein Tragtier bleibt ganz ruhig stehen und guckt mich dabei an.

Fast interpretiere ich seinen Gesichtsausdruck, wie: Ich kann aber nichts dafür....

Die Packtaschen waren nicht mehr gut verzurrt und so rutschten sie ab.

Normalerweise spanne ich die Ladung in regelmäßigen Abständen unterwegs nach. Heute hielten mich aber Hitze und wohl auch Nachlässigkeit von solchen trivialen Tätigkeiten ab. Jetzt liegt die ganze Herrlichkeit auf dem harten Boden.

Was nun? Wieder aufpacken?

Genau hier an dieser Stelle will ich kein Lager errichten.

Wir wollen etwas abseits vom Feldweg bleiben.

In der Nähe steht ein kleines Haus und ich höre Männerstimmen. Dazu Hundegebell. Da halten wir mal besser Abstand.

Ich binde Paulo an einem Olivenbaum fest und laufe den Weg etwas weiter voraus. Mal sehen, was sich da für heute Nacht findet.

Nach vielleicht zweihundert Metern entdecke ich eine kleine, ebene Fläche.

Ein etwas abseits vom Weg liegender Olivenhain.

Richtig romantisch, der kleine Flecken.

Hier bleiben wir, beschließe ich.

Nur, wie kriege ich jetzt die ganze Ausrüstung hierher?

Um es kurz zu machen: In bestimmt zehn Fußmärschen schleppe ich alles auf meinem eigenen Rücken zum Lagerplatz.

Paulo steht derweil an seinem Baum und guckt mir zu.

Was denkt er jetzt? Braucht der Mensch mich nicht mehr?

Als ich ihn das erste Mal alleine lasse, beginnt er sofort, an seiner Leine zu ziehen.

Wir sind hier in unbekanntem Gelände und da bleibt er nicht gerne alleine.

Der Herdentrieb sagt ihm, dass er besser in meiner Nähe bleiben soll.

Aus Sicherheitsgründen. Ich als Chef halte die wilden Wölfe von uns fern.

Als letztes hole ich dann Paulo zum Lager.

Dort sieht es schon aus, wie nach einem Bombeneinschlag. Ich habe alles wieder nur auf den Boden geworfen. Ein buntes Allerlei zwischen den kleinen Felsen und den uralten Olivenbaumstämmen.

Erst einmal suche ich zwei Bäume im richtigen Abstand für meine Hängematte.

Gar nicht so einfach. Die Bäume stehen sehr weit auseinander.

Irgendwie schaffe ich es aber, das rote, baumwollene Nachtlager aufzuhängen.

Ein Geschenk meiner Nachbarin Anita. Als Belohnung für monatelanges Aufpassen auf ihre Katzen.

Gute Dienste hat mir diese Hängematte schon geleistet.

Bin ich nicht auf Wanderschaft unterwegs, hängt sie bei mir auf der Terrasse und ich verbringe oft meine Siesta darin.

Die Schlepperei hat mir für heute den Rest gegeben. Ich kann nicht mehr.

Jetzt bräuchte ich ein kaltes Bier. Eine einzige Dose San Miguel Bier ist noch in meinem Getränkebestand. Dazu ein Rest ICE tea und Wasser.

Leider alles nicht kalt. Meine Kühlbox hält den Inhalt maximal eine Nacht frisch.

Egal. Ich probiere es. Weggießen kann ich es ja dann immer noch.

Bis auf den letzten Tropfen habe ich das lauwarme Bier getrunken. Bei unserer Art des Reisens wird man anspruchslos. Bei anderen Reiseformen wäre ein warmes Bier für den Gast ein Grund, den Reisepreis einzuklagen.

Ich sehe mich ein bisschen um in meinem kleinen Reich für diese Nacht.

Schön hier.

Und alles für mich und meinen Wanderkumpanen. Der steht steif an seinem Baum und guckt mit hängenden Ohren auf den Boden. Das Maul fast auf dem Boden.

Er ist schon eingenickt.

Ich kann das Dach des Hauses, von wo ich vorhin die Stimmen gehört hatte, sehen. Dort ist es jetzt ruhig. Keine Stimmen und der Hund bellt auch nicht mehr.

Überall Ruhe und Frieden. Abendstimmung.

Nur ein paar Vögel flattern gelegentlich um und durch die Baumkronen.

Mit den Vögeln kenne ich mich nicht so aus. Ich bin schon froh, dass ich eine Möwe von einem Spatz unterscheiden kann. Man kann auch nicht alles wissen…

Mir liegen mehr die Tiere, die man auch anfassen kann. Vögel kann man zumeist nur aus der Entfernung beobachten. Bewegt man sich in ihrer Nähe etwas hektisch oder macht etwas Lärm, fliegen sie sofort verschreckt fort.

Sie scheinen ständig auf der Flucht zu sein.

Da ist ein solider und erdverbundener Esel doch etwas Anderes....

Die Auswahl dieses Lagerplatzes ist ein Volltreffer.

Mit den uralten Bäumen und den grau-weißen rissigen Felsblöcken ist es ein Flecken von fast archaischer Schönheit.

Mit welchem bekannten Landschaftsmaler könnte man dieses Idyll verbinden?

Santiago Rusiñol? Oder Josep Coll i Bardolet?

Letzterer passt besser zur Gegend.

Im nahen Valldemossa hat er lange gelebt und gearbeitet und dort ist er im Jahre 2007 verstorben.

Unseren Romantiker Caspar David Friedrich lassen wir heute einmal außen vor.

Seine Landschaften lagen mehr in nördlichen Breiten. Ganz sicher hätte es ihm aber hier oben in der Serra gut gefallen und Motive hätte er genug gefunden.

Manch´ ein Urlauber. der viel Geld für sein gestyltes Hotel ausgibt, würde ganz sicher bei diesem romantischem Umfeld ins Schwärmen geraten.

Ich ordne ein bisschen unser Lager. Bringe Ordnung in die Ausrüstung.

Betrachte mir die Tragetaschen einmal genauer. Beide Taschen sehen aus wie nach einem 1000 Meilen Marsch.

Eigentlich müssten die Risse nachgenäht werden. Nähzeug habe ich aber nicht dabei.

Ein paar Wochen später lasse ich mir von Tomeu, meinem Sattler in Manacor, Lederstreifen auf die Risse nähen.

So ist das Segeltuch in Zukunft etwas besser geschützt beim manchmal unvermeidlichen Anschrammen an den Trockensteinmauern.

Dann meldet sich der Hunger.

Mal sehen, was sich heute für das Abendessen eignet. Was der geschrumpfte Proviantbestand so hergibt. Es wird wieder kalte Küche sein.

Macht nichts bei dieser Hitze. Allzu viel Hunger habe ich sowieso nicht. Ich möchte nur eine Kleinigkeit essen.

Ich entscheide mich für Thunfisch aus der Dose und etwas Trockenwurst. Dazu Cracker.

Als Nachtisch eine Dose Ananasscheiben. Richtig gut, der süße Inhalt.

Nachtisch gehört zu jedem Essen. Egal wie einfach und karg.

Das ganze Mahl wird von einigen Gläsern lauwarmem Wasser begleitet.

Einen Schlaftrunk in Form von Wein oder Bier gibt es leider nicht mehr.

Alkohol ist ja auch nicht gut für die Gesundheit, heißt es immer.

Auf dieser Tour tue ich so einiges für meine Gesundheit.

War und ist auch nicht immer so gewesen bei mir.

Nach meinem Spar-Mahl kommt Paulo dran.

Ich löse den Führstrick und stelle ihm Wasser und Mais hin. Wie immer stürzt er sich zuerst auf den Mais.

Frei laufen gibt es heute nicht mehr für ihn. Ich binde ihn, nachdem er am Schluss doch noch zwei Eimer Wasser gesoffen hat, wieder an den Olivenbaum.

Der Tag ist zu Ende!

Was für ein Tag...

Ich lege mich in die Hängematte und krieche in den Schlafsack.

Ich fühle auch schon wieder die aufkommende Nachtfrische. Die Luft wird feucht.

Die Nacht ist absolut still.

Kein Lärm von Port de Sóller oder aus Sóller selbst ist hier oben zu hören.

Die Ruhe der Bergwelt.

Ein bisschen erinnert mich die Stille an eine einsame Ankerbucht.

Die einzigen Laute, die ich wahrnehme, sind ein leichtes Hufenscharren, eher ein Kratzen, auf hartem Boden von meinem Paulo.

Dazu in unregelmäßigen Abständen ein ganz leichtes Schnaufen.

Mehr ein zögerliches, unterdrücktes Pusten.

Er steht zwanzig Meter von meiner Hängematte entfernt an seinem dunklen Baum.

Paulos langen Körper mit dem großen Kopf sehe ich ganz scharf vor dem breiten, gedrungenen Baumstamm.

Feingezeichnete Silhouetten im hellen Mondlicht.

Die Vögel scheinen heute Nacht alle in ihren Nestern zu liegen. In den Federn sozusagen.

Kein Flügelschlagen ist zu hören.

Auf den Segelyachten in den stillen Buchten hörte man auch immer ganz leise Hintergrundgeräusche.

Die metallene Ankerkette schrappte an der Führungsrolle.

Ein Block knarrte oder ein nicht ordentlich stramm angezogenes Tau.

Gelegentlich hörte man einen Fisch. Hörte sein Aufklatschen auf dem Wasser, wenn er vor einem Fressfeind geflohen war.

George Sand schreibt in ihrem Mallorca-Klassiker „Ein Winter auf Mallorca"

„Wie jeder weiß, hat jede Landschaft ihre Wohllaute, ihre Wehlaute, ihre Ruhe, ihr geheimnisvolles Flüstern,...."

Ein paar Zeilen weiter dann der Satz *„Auf Mallorca ist die Stille tiefer als sonst wo"*.

Für die Nacht, die ich hier verbringe, gibt es keine treffendere Beschreibung.

Und das gilt auch heute noch, hundertfünfundachtzig Jahre nach ihrem Aufenthalt auf Mallorca.

Vielleicht hat diese absolute Stille auch den katalanischen Maler und Schriftsteller Santiago Rusiñol zu dem Titel seines Buches *La Isla de la calma* („Die Insel der Ruhe") inspiriert.

Ein grandioses Meisterwerk über das Mallorca zu Beginn des letzten Jahrhunderts.

Auch er empfand die Stille auf Mallorca als besonders tief und einzigartig.

Peps Finca

Wie schon die ersten Tage auf Wanderschaft bin ich kurz vor sechs Uhr wach und steige auch gleich aus Schlafsack und Hängematte.

Die Sonne ist hier noch nicht zu sehen, aber es ist schon taghell. Kurz sind die Nächte und lang die Tage Mitte Juni. Einer der Gründe, diese Jahreszeit für unsere lange Tour auszuwählen.

Gleich nach dem Aufstehen treffe ich eine Entscheidung: Wenn ich einen Platz für Paulo in Sóller finde, lasse ich ihn dort eine Nacht. Dann rufe ich Anita an, dass sie mich abholen soll und ich so eine Nacht zu Hause verbringen kann. In meinem Bett schlafen und wieder ausgiebig duschen.

Mit dieser Idee im Kopf bringe ich Paulo seinen Mais und etwas Wasser.

Ich knabbere ein paar Kekse und trinke lauwarmen ICE tea dazu.

In aller Eile baue ich mein Nachtlager ab. Leider ist noch alles nass vom Morgentau.

Ich wische und trockne alles ein bisschen ab, da ich es so feucht nicht einpacken will.

Paulo wird gebürstet und gleich danach lege ich ihm die Decken und die Packtaschen auf und fange mit dem Verstauen an.

Heute geht's richtig schnell. Ich bekomme Übung.

Nach zwanzig Minuten sind wir startbereit. Ein letzter Rundblick. Nichts vergessen oder liegen gelassen. Keine Müllreste. Nur Paulos organische Hinterlassenschaften.

Gut für die Erde.

Wir gehen zum Feldweg von gestern zurück, den wir schon nach einer Minute erreichen. Läuft alles gut heute Morgen.

Und dabei es ist erst kurz nach sieben Uhr.

Auf diesem Weg müssen wir jetzt durch etliche Pforten. Mal eng, mal nicht so eng. Ich passe gut auf, dass Paulo nirgendwo hängenbleibt. Nehme meine Pflichten als Eselführer heute etwas ernster.

Um kurz nach acht Uhr kommen wir am Landhotel „Cas Hereu" vorbei.

Im weiten Bogen laufen wir um die Gebäude herum. Da hätte ich natürlich letzte Nacht auch bleiben können. Hätte ich wissen sollen. Eine kleine Eselin kann ich auf einer nahen Weide sehen. Paulo sieht sie natürlich auch, verkneift sich aber einen lautstarken Gruß. Die Eselin hat uns augenscheinlich nicht bemerkt.

Paulo zögert ein bisschen beim Weiterlaufen. Ich bringe ihn mit ein paar kurzen und scharfen Rucks am Führstrick wieder von der Eselinträumerei ab.

Weiter geht's im Morgenlicht.

Ein paar Minuten später kommt uns ein einzelner Mann in meinem Alter entgegen. Ein Jogger oder schneller Wanderer. Er steuert bergauf Kurs und schnauft gewaltig.

Ein paar Meter vor uns hält er an, grüßt auf Mallorquin und dann geht auch gleich die Fragerei los. Woher, wohin und überhaupt....

Ich antworte ihm auf Spanisch und seine Überraschung ist groß.

Er stottert fast ein bisschen, als er sagt: Ich dachte, du bist Mallorquiner.

Und dein Esel hat auch die Senyera um den Hals gebunden.

Und er sieht mich dabei von oben bis unten an. Ja, ja ich weiß. Mein Outfit.

Der Esel ist auch Mallorquiner, kläre ich ihn auf. Aus Banyalbufar. Immerhin einer aus unserer Gruppe. Die Hälfte Mallorquiner.

Wir unterhalten uns ein paar Minuten und ich frage ihn auch gleich nach einem Stall, einem kleinen Grundstück oder einer Weide für Paulo. Er habe sogar etwas Land mit einem Stall, erzählt er mir. Aber das liege weit ab von unserer Route.

Schau und frag mal´ in Sa Horta.

Dort findest du bestimmt jemanden, wo dein Esel bleiben kann.

Daran hatte ich auch schon gedacht. Sa Horta ist eine grüne Gartenzone zwischen Sóller und Port de Sóller. Mehrmals bin ich dort bereits gewandert.

Wir verabschieden uns. Der nette Mann läuft weiter bergauf. Wir steigen bergab.

Es geht jetzt auch äußerst steil bergab.

Paulo muss gut aufpassen bei diesem über Stock und Stein.

Dann höre ich laute Frauenstimmen. Das muss eine größere Gruppe sein, die uns von unten entgegenkommt.

Zwei, drei Minuten später erscheint die Vorhut in Sicht.

Es handelt sich um eine amerikanische Frauenwandergruppe unter der Führung eines Amerikaners, der auf Mallorca lebt.

Die Gruppe verbringt heute ihren letzten Tag auf der Insel. Später am Tag fliegen sie nach Madrid. Das erzählt mir eine der jüngeren Frauen.

Man will nur ein kurzes Stück in die Berge gehen. Nicht allzu hoch und weit.

Später sehe ich unten die Nachhut. Korpulente Damen um die 50, die schon die ersten hundert Meter auf dem steilen Pfad nicht schaffen.

Die Gruppe und ihr Führer bombardieren uns mit Fragen. Ich lege schnell meinen Englisch-Chip ein und spule meine Story hinunter. Alle nicken begeistert und strahlen übers ganze Gesicht. Als ich alles erklärt habe, meint eine jüngere Dame aus der Gruppe: So, you are travelling through Spain with your donkey?

Da hat sie wohl nicht richtig zugehört. Oder ist mein Englisch so schlecht geworden?

Der amerikanische Guide erklärt nochmals meine Route.

Aha, ja. Hm. Aber weit wäre das doch alles nicht.

Ok. Ich weiß. Von Philadelphia nach Phoenix ist es eine

längere Strecke, aber Spain und Mallorca sind nun einmal Miniatur-Gartenlandschaften verglichen mit dem endlosen nordamerikanischen Territorium. Außerdem sind wir nicht mit einem komfortablen Campingtruck unterwegs, sondern müssen uns jeden einzelnen Meter mit unseren eigenen Füßen erlaufen.

Das sage ich nicht, dass denke ich so im Stillen bei mir. Ein paar Fotos noch und dann „Good bye, ladies".

Wir setzen uns wieder talwärts in Gang..

Um halb neun erreichen wir die Hotelruine „Rocamar". Mahnmal aus einer Zeit, als einfach gebaut wurde, wie und wo es einem Landeigentümer gerade passte.

Egal ob Naturschutzgebiet oder nicht.

Diese Zeiten sind auf Mallorca zum Glück vorbei.

Nach wenigen Minuten überqueren wir die Schienen der alten Straßenbahn. Anfängliche Befürchtungen meinerseits, dass Paulo vielleicht beim Überschreiten Ärger machen würde, erledigen sich in Sekunden. Er schaut nicht einmal auf den Boden und steigt einfach im flotten Schritt über die beiden blanken Eisenschlangen hinweg.

Jetzt kreuzen wir die vielbefahrene Straße zwischen dem Hafen und Soller Stadt.

Kaum erreichen wir den Fußweg auf der anderen Straßenseite, kommt ein älterer Radfahrer in etwas wackliger und kurviger Fahrweise auf uns zu und fängt sofort an zu schimpfen. Ihm passt das bunte Band an Paulos Hals anscheinend nicht.

Er schimpft über Artur Mas und Catalunya Nord. Ich verstehe nur sehr wenig.

Dabei zappelt er auf seinem Fahrrad herum, ohne abzusteigen. Er ist immer kurz vor dem Umfallen. Ich merke schon: Der ist nicht ganz richtig im Kopf.

Ich sage kein Wort und laufe einfach weiter mit Paulo.

Das einzige Mal auf unserer Reise, dass jemandem das rotgoldene Band an Paulos Hals gestört hat.

Jetzt muss ich ernsthaft nach einer Bleibe für Paulo gucken. Anita habe ich noch nicht angerufen. Sie weiß noch nichts von meinem Plan.

Erst wenn ich Paulo gut untergebracht habe, werde ich sie um Abholung bitten.

Nach ein paar hundert Metern entdecke ich eine offene Halle. Dort will ich einmal fragen.

In der Halle ist niemand. Alles offen, aber kein Mensch zu sehen.

Es ist so eine Art Tierzubehörladen und Mini-Gartencenter. Futtersäcke liegen aufgestapelt in einer Ecke. Kunstdünger, kleine Pflanzen und Samen.

Blumenerde, Schaufeln, Eimer. Hier sind wir richtig. Die Leute. die hier arbeiten, kennen sicher die Leute mit Tieren aus dem Umkreis.

Nur ist leider keiner da. Wir warten.

Nach ein paar Minuten fährt ein Auto auf den Hof. Am Steuer eine Frau.

Es ist eine junge Tierärztin, die mit den Inhabern sprechen

will. Auf Paulo wirft sie einen langen Blick, sagt aber kein Wort. Ich frage wegen einer Unterbringung für ihn. Sie kennt aber niemanden hier in Sa Horta und fährt nach einer äußerst knappen Verabschiedung gleich wieder weg. Die Dame war in Eile...

Die Warterei zieht sich. Dann kommt wieder ein Auto.

Ein junger Mann springt heraus. Er hält direkt vor uns.

Keiner da? Fragt er mich. Nein, alles offen, aber keiner da.

Er ist jetzt mein Auskunftskandidat.

Ihn frage ich, ob er nicht jemanden hier in der Nähe kennt mit einer Weide oder einem Stall. Klar, zweihundert Meter von hier hat Pep seine kleine Finca. Der hat Pferde und Hühner und was weiß ich noch alles. Geh´ da mal hin. Der nimmt auch deinen Esel.

Er erklärt mir, wo ich Peps Finca finde und wir traben los. Paulo wurde schon unruhig bei der ganzen Warterei.

Das muss er von mir haben. Ich warte auch nicht gerne.

Nach zehn Minuten stehen wir vor der Finca. Ein schwarzes Pferd blickt neugierig aus einer Tür heraus. Paulo guckt hastig weg und ignoriert das Pferd.

Zwei Männer erscheinen von irgendwo her und machen sich an einem kleinen Motorboot auf einem Anhänger zu schaffen. Der steht direkt vor dem Pferdestall.

Als sie mich dann wahrnehmen, schauen sie etwas überrascht.

Ich zögere keine Sekunde und frage direkt.

Ich suche Tomeu. Tomeu que? Ich suche den Tomeu, der Pferde hat.

Mehr fällt mir so schnell nichts ein zur weiteren Erklärung.

Einen Tomeu gibt es hier nicht. Kenne ich hier nicht, sagt der eine der beiden.

Ich heiße Pep stellt sich dann der ältere vor.

Da hatte ich wohl die Namen durcheinander bekommen.

Ja, ich habe Tiere, sagt Pep. Esel aber nicht, setzt er noch hinterher.

Ich erkläre ihm meinen Wunsch.

Komm mit, sagt er nur. Jetzt sehe ich die ganze Anlage. Ein kleiner Bauernhof. Hobbymäßig wohl, aber mit etlichen Tieren. Hier ist Platz für meinen Freund.

Pep zeigt mir ein eingezäuntes Stück Land. So etwas wie ein Paddock, wie es bei den Pferdeleuten heißt.

Wie findest du das? Fragt er mich. Ich sage nur: Perfecto!

Dann lass´ ihn hier. Pep verschwindet schnell und ohne weitere Erklärungen.

Geht wieder auf die Straße.

Ich lade die Tragetaschen von Paulo ab. Inzwischen ist der Hofhund auf der Bildfläche erschienen. Der Sicherheitsbeauftragte wohl.

Der neue Besucher musst begutachtet werden. Der Hund hält aber einen guten Abstand von Paulo. Vielleicht hatte er einmal ein „unfreundliches Zusammentreffen" mit einem von Paulos´ Rasse. Der blickt zuerst etwas nervös und hektisch, beachtet dann aber den Hund nicht weiter.

Paulos Kopf kreist herum. Vielleicht auf der Suche nach einem Kumpel mit langen Ohren. So viele Tiere und kein einziger Esel.

Der ganze Hof ähnelt einem kleinen Zoo mit einheimischen Tierrassen.

Ziegen, Schafe, Schweine, Hühner. Hier ist alles vorhanden.

Nachdem ich mein Packtier von seiner Last befreit habe, führe ich ihn in den Paddock. Zum Abschluss bekommt er noch einen freundlichen Klapps aufs Hinterteil. Zuneigungsbeweis zwischen alten Freunden...

Ruh´dich aus, amigo!

Ich gehe auf die Straße und frage, wo ich meine Ausrüstung unterbringen kann. Jetzt steht ein kleiner Junge bei den Männern am Boot. Peps Sohn.

Pep sagt ihm, er soll mir das Haus zeigen und dort könne ich meine Sachen lagern.

Der Kleine rennt los. Pedro heißt er. Ich komme kaum hinterher.

Gemeinsam schleppen wir unsere Ausrüstung in das dunkle Haus. Angenehm kühl ist es hier drinnen. Die dicken Steinwände halten die Sonnenglut ab.

Häuser in dieser traditionellen Bauweise brauchen keine Klimaanlage.

Jetzt erst rufe ich Anita an und erkläre ihr meinen Plan. Sie ist sofort einverstanden.

Ich fahre gleich los, sagt sie.

Meine Kräfte beginnen sich sofort wieder zu regenerieren nach dieser schnellen Zusage.

Auch wenn es noch fast zwei Stunden dauern wird, bis sie ankommt.

Mit Pedro gehe ich jetzt zu Paulo. Noch ein letzter Blick und eine Kontrolle und adios. Ich weiß, hier ist mein Paulo gut aufgehoben. Pep kommt jetzt noch dazu und wirft ihm zwei große Büschel Heu über den Zaun. Paulo verliert keine Sekunde und die Fresserei geht los.

Ich gebe Pep zwanzig Euro für Paulos Übernachtung. Das Geld lehnt er zunächst ab.

Das will er nicht haben. Ich sage ihm, das sei doch für ein Eis mit seinem Sohn. Für die Hilfe beim Schleppen der Ausrüstung. Pep lacht und steckt den Schein ein. Der Junge guckt mich etwas überrascht an.

Vielleicht denkt er, so einer wie der könnte jeden Tag kommen...

Ich nehme meinen kleinen Rucksack, bedanke mich nochmals bei Pep für seine Hilfe und verabschiede mich. Gebe ihm meine Telefonnummer. Für alle Fälle.

Gegen neun Uhr morgen früh bin ich wieder hier sage ich noch zu ihm.

Tranquilo hombre. Descansa, antwortet er nur.

Ich mache mich vom Hof. Im wahrsten Sinne des Wortes. Jetzt muss ich unbedingt was trinken. Ich bin schier ausgetrocknet. Ich laufe zum Kreisverkehr an der Straße zum Hafen. Dort steht ein Getränkeautomat.

Ich leere fast den Bestand an ICEtea. Zum Schluss muss ich schon passende Münzen einwechseln in einem Tonwarenladen.

Fast zwei Stunden dauert es, bis Anita auftaucht.

Jetzt lade ich sie erstmal zum Frühstück ein. Ein paar hundert Meter weiter an der Straße nach Sóller finden wir eine kleine Bar. So etwas wie ein Gartenrestaurant.

Da schlagen wir richtig zu: Schinkenbrot, Croissants, Orangensaft und café con leche.

Meine Lebensgeister steigen wieder.

Wandern ist ein schöner Sport.

Kurz vor Mittag setzt Anita mich zu Hause ab.

Ich will den Leser jetzt nicht mit meiner Kurz-Auszeit von unserer Wanderung langweilen.

Es bleiben mir nur zwanzig Stunden, die mit Körperpflege, ein bisschen Aus-und Einpacken draufgehen und natürlich Ausruhen.

Dazu abends ein gutes *Pa amb oli* -Essen mit Anita und weiteren Freunden.

Mit meinem Wanderfreund Jan verabrede ich mich für den nächsten Tag. Er will mich ein Stück begleiten. Heute ist Sonntag und da arbeitet Jan nicht.

Jan ist auch ein ehemaliger Seefahrer und lebt schon viele Jahre auf Mallorca und arbeitet, wie ich früher, in der Yachtindustrie.

Viele Wanderungen haben wir gemeinsam unternommen.

Die Stadt Sóller

Auch wenn wir bei unserer Wanderung die schöne kleine Stadt Sóller im fruchtbaren Tal der Orangen und Zitronen nur am Rande durchlaufen, möchte ich nicht versäumen hier ein paar Sätze einzufügen.

Die Stadt hat ihr ganz eigenes Flair, und kein anderer Ort der Insel lässt sich mit Sóller vergleichen.

Jeder Mallorca-Reisenden und besonders solche, die zum ersten Mal auf die Insel kommen, sollten zumindest einen Tag für einen Besuch in Sóller und seinen nicht minder schönen Ortsteil Port de Sóller an der gleichnamigen Bucht einplanen.

Die Anfahrt dauert von Palma mit dem PKW eine knappe halbe Stunde auf der gut ausgebauten Landstraße und durch den Tunnel.

Über den kurvenreichen Pass, den *Coll de Sóller*, dauert es gut 15 Minuten länger.

Wer es allerdings ganz romantisch möchte, dem empfehle ich mit der elektrischen Eisenbahn, dem „Tren de Sóller", von Palmas Plaza Espanya oder als kürzere Variante, von Bunyola aus zu fahren. Dieser schöne alte Zug, auch der „Rote Blitz" genannt, braucht für die Strecke von Palma eine gute Stunde. Vom Bahnhof in Sóller kann man dann noch mit der offenen Straßenbahn bis nach Port de Sóller fahren.

Bevor die Zugverbindung eingerichtet wurde, im April 1912, zuerst noch mit Dampfloks, lagen das Tal von Sóller und die Stadt sehr abgeschieden vom Rest der Insel.

Da war die katalanische Hauptstadt fast näher als Palma.

Dorthin konnte man mit einem Schiff fahren. Möglicherweise weniger strapaziös als die lange Kutschfahrt über die Passstraße.

Wenn man denn seefest war...

Enge geschäftliche Beziehungen hatte Sóller auch mit Frankreich.

Dorthin wurden die Orangen und Zitronen verschifft.

Die Verteilung und den Verkauf übernahmen dann häufig nach Frankreich ausgewanderte Sóllerics.

Manch einer ist dabei reich geworden und hat sich später nach der Rückkehr ins heimatliche Sóller ein schönes Haus gebaut.

Der französische Einfluss auf die Architektur und die Bauweise der Häuser ist unverkennbar. Das ist es auch, was den Ort so einzigartig macht und von den anderen Kleinstädten und Dörfern Mallorcas unterscheidet.

Nur in dem kleinen Dorf S´Arraco im Südwesten der Insel trifft man auf einen ähnlichen französischen Einfluss.

Paulo und ich sehen auf unserer Wanderung von alledem leider nichts.

Wir halten uns, wo möglich, von geschäftigen Ortszentren fern.

Barranc de Biniaraix

Kurz nach halb acht Uhr in der Früh kommt Jan zu mir nach Hause.

Die Nacht im eigenen Bett hat mir gutgetan.

Eine prima Idee, diese kurze Flucht vom Wanderweg.

Ich habe saubere Wäsche in meinen Rucksack eingepackt. Frischen Proviant in der Kühltasche verstaut. Und natürlich sind ein paar Kilo Mais für Paulo dabei.

Für die nächsten Tage sind wir versorgt.

Wir fahren direkt durch bis Sóller und trinken erst dort den obligatorischen Morgenkaffee. Richtig frühstücken wollen wir später in Biniaraix, wenn die ersten Kilometer gelaufen sind.

Um neun Uhr sind wir bei Peps Hof. Der ist auch schon mit seinen Tieren beschäftigt.

Mein vierbeiniger Wanderfreund begrüßt mich schon lauthals. Wenigstens einer, der sich bei meinem Erscheinen freut und das auch deutlich zeigt...

Ich hole Paulo aus seinem Paddock und beginne gleich mit einer gründlichen Bürstung und Reinigung der Hufe. Sein Fell sieht arg verschmutzt aus. Hier auf dem ebenen Sandboden hat er sich ordentlich gerollt. Seine Fellpflege gegen Insekten.

In den Bergen die Tage vorher hat er es kein einziges Mal gewagt.

Ich suche unsere Ausrüstung zusammen. Auch Peps Sohn Pedro ist wieder dabei.

Er beobachtet genau, wie ich die Decken und Taschen auflege und alles verstaue und festbinde. Paulo steht wie immer stocksteif bei der Beladung.

Vielleicht träumt der kleine Pedro jetzt davon, einmal selbst mit einem Packesel unterwegs zu sein.

Das konnten seine Vorfahren über viele Jahrhunderte sehr gut.

Das Tal von Sóller mit seinen verschiedenen Dörfern hat eine lange Tradition im Materialtransport mit Packtieren.

Traginer hießen diese Männer, die ihre Tiere, zumeist Maultiere, über die Pfade führten. Harte Gesellen, die ein gefährliches Leben hatten.

Säumer heißen sie auf Deutsch. Säumerei ist das Handwerk

des Warentransports mit Trage- oder Packtieren. Das konnten Pferde, Maultiere oder Esel sein.

Jede Landschaft hatte die Tiere, die den klimatischen Bedingungen und dem vorhandenen Futter am besten angepasst waren. Für feuchte und kalte Regionen sind Esel ungeeignet. Die widerstandsfähigsten Tragtiere sind die Mulis oder Maultiere. Die Kreuzung zwischen Pferdestute und Eselhengst.

Sie haben die eselige Schlauheit vom Vater und die Kraft von der Pferdemutter geerbt. Dazu leben sie noch deutlich länger als Pferde.

Ich habe einen von Antoni Reynés Trias verfassten Artikel über die *Traginer* in meiner Bibliothek. *Els camins de ferradura de la vall de Sóller*; ist der Titel dieses dreiundvierzig Seiten langen Berichtes. Ein Satz ist mir besonders in Erinnerung geblieben. Der Vorfall geht auf November 1810 zurück und lautet: *„Se desplomo un peñasco en el collado de Sóller e hizo tortilla (sic) a un trajinero y dos machos".*

Ich übersetze es einmal so: Ein großer Felsbrocken brach vom Berg herunter und machte Tortilla aus dem Säumer und zwei Hengsten....

Jan wartet die ganze Zeit vor dem Tor auf der Straße. Peps großer Hund ist ihm nicht ganz geheuer.

Ich bin fertig mit der Packerei und verabschiede mich von Pep und seinem Sohn.

Vorher machen wir schnell noch ein paar Fotos fürs

Familienalbum und los geht's.

Um halb zehn sind wir auf Piste.

Ich bin voll frischer Unternehmungslust und Tatendrang.

Formentor ruft....

Zuerst müssen wir wieder auf die Hauptstraße, um aus dem Gewirr der kleinen Straßen und Gassen von Sa Horta herauszukommen.

Die Sonne zeigt bereits ihre Kraft. Trotz des frühen Vormittags ist es schon heiß.

Nach einer Stunde strammen Laufens erreichen wir Biniaraix.

Alles ist nach wie vor sehr romantisch in dem kleinen Dorf mit seinem mittelalterlichen Charme..

Vor fast allen Häusern stehen hohe Tontöpfe mit grünen Pflanzen.

Sauber und ordentlich ist die enge Gasse, durch die wir gehen.

Kein Mensch zu sehen. Die Türen verschlossen. Wir beide mit unserem Esel sind die einzigen Menschen in dieser abgeschiedenen, vormittäglichen Welt.

Paulos Hufe klappern auf dem Kopfsteinpflaster. Die Wände der engstehenden Häuser werfen das harte Geräusch zurück.

So muss es bis vor einigen Jahrzehnten hier tagtäglich

geklungen haben, wenn die Maultiertreiber mit ihren bepackten Tieren durchzogen.

Fast fühlt man sich um Jahrhunderte zurückversetzt.

Hier in Biniaraix wollen wir jetzt ausgiebig frühstücken. Mit allem, was dazugehört.

Paulo binde ich auf dem kleinen Dorfplatz unter einem Baum an. Direkt neben einer kleinen Wasserzapfstelle.

Dort steht er im Schatten und er kann uns sehen und wir ihn. Die Verbindung Mensch und Tier bleibt so bestehen.

Jan und ich setzen uns vor die Bar, die gleichzeitig Tabakladen ist.

Die einzige Bar im ganzen Ort. Treffend heißt sie „Bar Bodega Biniaraix".

Kaum dass wir Platz genommen haben, kommt eine sehr attraktive Frau heraus und fragt nach unseren Wünschen.

Wir bestellen zwei Portionen *Pa amb oli*. Meine dritte Ration in weniger als zwölf Stunden. Macht nichts. Das schmeckt immer. Dazu frisch gepressten Orangensaft. Das richtige Getränk im Tal von Sóller. Typischer geht es nicht mehr.

Orangen waren einmal das Hauptausfuhrprodukt der Gegend.

Ein Frühstück für Wanderer, wie es sich gehört, bekommen wir jetzt.

Die französische Bedienung, Beatrice heißt sie, wie wir inzwischen wissen, wir sollen aber Bea sagen ... , gibt sich ordentlich Mühe mit unseren Broten.

Selten habe ich ein so liebevoll garniertes und großzügig belegtes Pa amb oli gegessen. Außer den dicken Schinken - und Käsescheiben gibt es noch jede Menge Grünzeug dazu. Und nicht nur Oliven.

Ist das hier im Lokal der übliche Standard oder war das eine Extraanfertigung für hungrige Eseltreiber?

Zum Abschluss trinken wir noch, so wie es sich gehört, einen guten Café con leche.

Schön heiß und die Milch dick und schaumig geschlagen.

Paulo bleibt die ganze Zeit über ruhig an seinem Laternenpfahl stehen. Er lässt uns dabei nicht aus den Augen. Vielleicht zählt er unsere Happen Brot?

Er bekommt aber später von uns und auch von Bea seinen Teil.

Da heute Sonntag ist, kommen Wanderer und Besucher ins Dorf. Letztere, die nur einen kleinen Spaziergang machen. Ohne Wanderambitionen.

Ein Foto mit Paulo machen sie alle.

Das Motiv schlechthin. Romantische Dorfszenerie und ein Packesel. Man könnte fast meinen, wie hingestellt vom örtlichen Touristenbüro.

Da freut sich das Fotografenherz von fern und nah.

Bea stempelt beim Abschied mein Buch ab. Heute habe ich dran gedacht.

Die Stempelung: „Expendeduria de Tabacos, Biniaraix-Sóller".

Bea schreibt dazu: „Nos han visitado 3 burros! 1 Mallorquin! 2 Allemanes!"

Allemanes schreibt sie mit zwei ll. Das ist Französisch. Macht nichts.

Auch das mit den beiden „burros" („Eseln") verzeihen wir ihr.

Nach dem ausgezeichneten Pa amb oli halten wir besser den Mund.

Jetzt noch kurz die Fotosession mit Bea und Paulo. Er wird wieder herzlich und liebevoll umarmt, geschmust und gedrückt. Alles, was die Eseltreiber leider nicht bekommen...

Bea wünscht uns dann lachend und winkend „Merçi, adieu und bonne route".

Der Aufstieg in die Schlucht von Biniaraix kann losgehen. Der GR-221 hat uns wieder.

Wir verlassen in vergnügter Stimmung und mit Paulos Hufgeklapper als Hintergrundmusik das schöne Dorf Biniaraix.

Am Dorfausgang kommen wir am alten Waschhaus vorbei. Dem *Rentador* wie es auf Mallorquin heißt. Hier haben früher die Hausfrauen ihre Wäsche gewaschen und wurden wohl auch die Tiere getränkt.

Und nebenbei war es für die Frauen aus dem Ort noch der Treffpunkt, wo die letzten Neuigkeiten ausgetauscht wurden.

Jeder wusste scheinbar alles über jeden und vielleicht auch noch ein bisschen mehr...

Gar nicht weit entfernt von Biniaraix befindet sich das Dorf Fornalutx.

Etwas erhöht liegt es auf der anderen Seite des Tals von Sóller.

Eine knappe Stunde Fußmarsch ist es bis dahin.

Das Nachbardorf ist so etwas wie eine ausgedehntere Version von Biniaraix.

Dazu war Fornalutx einmal das schönste Dorf Spaniens.

Wenn das nichts ist.

In den letzten Jahren kam Fornalutx leider häufig in den lokalen Nachrichten vor.

Nicht wegen seiner landschaftlichen Schönheiten, sondern wegen dem *Correbou*.

Männer der Dorfbevölkerung, zumeist jüngere, ziehen einen Stier an zwei langen Leinen, die man ihm um die Hörner gebunden hat, durch die Straßen.

Das alles zu Ehren der Jungfrau Maria am 7. September, dem Vortag ihrer Geburt.

Eine angeblich jahrhundertealte Tradition des Dorfes.

Zumindest soll dieser Stierlauf schon seit hundert Jahren ohne Unterbrechung jährlich stattfinden. So ganz klar ist das aber wohl auch nicht.

Jetzt gibt es seit einigen Jahren Streit zwischen Tierschützern, Traditionalisten und dem Rathaus von Fornalutx um das Verbot dieser morgendlichen Rennerei mit dem armen Stier an der Leine durch den Ort.

Man möchte dieser Tierquälerei ein Ende machen.

Er wird dabei allerdings nicht umgebracht und Blut fließt auch nicht, aber der Stress für das Tier ist natürlich enorm.

Muss ja auch alles nicht sein.

Eine solche Aktion auf Kosten eines Tieres passt nicht mehr in das moderne Mallorca.

Was würde die Jungfrau Maria bloß zu dem Spektakel sagen?

Kommen wir jetzt besser wieder zurück auf den Barranc und unseren Paulo an lockerer Leine im Schlepptau. Ohne Stress für Tier und Mensch...

Der Barranc de Biniaraix, wie er genau heißt, öffnet sich jetzt vor uns.

Eine grandiose, wilde und spektakuläre Landschaft, die niemanden, der hier zum ersten Mal eintritt, unbeeindruckt lässt.

Für mich ist es heute das erste Mal, dass ich mit Paulo im Barranc unterwegs bin.

Gewandert bin ich hier schon häufiger. Allerdings noch nie bis nach ganz oben. Kenne die Schlucht also nicht komplett, sondern nur bis zur halben Höhe etwa.

Der Barranc ist aufgeteilt in hunderte von Terrassen.

Marjades heißen sie auf Mallorca. Manche sind so klein, dass nur ein einzelner Baum darauf Platz hat. Welch' eine Arbeit hat man sich in früheren Zeiten gemacht, um nur einen einzigen Baum zu pflanzen und zu kultivieren.

Dutzende kleiner Häuser sind hier gebaut worden.

Manche wurden liebevoll restauriert und gepflegt und werden als Wochenendhäuser genutzt. Andere sind halb verfallen und nur noch Ruinen. Das ganze Material für den Hausbau muss von unten hochgeschleppt werden. Per Esel, auf kleinen Traktoren oder auf dem eigenen Rücken.

Von irgendjemand hörte ich einmal: Im Barranc ist die Anstrengung bei jeder Arbeit doppelt so groß wie anderswo, um dann doch nur die Hälfte zu erreichen.

Und so ist es wohl.

Mitten drin in der Schlucht liegt das Flussbett, der Torrente. Die meiste Zeit des Jahres ist er allerdings trocken, wenn nicht ausreichend Regen gefallen war.

An manchen Stellen bilden sich kleine Tümpel.

Regnet es ausgiebig, müssen die Wasserfälle hier ein richtiges Spektakel sein.

Leider habe ich das nie persönlich erlebt. Nur kleinere, nicht so gewaltige Wassermassen konnte ich bei manchen Wanderungen sehen.

Gleich zu Anfang des gut ausgebauten und gepflasterten Weges beggnen wir einem Mann, der gerade von einem Grundstück herunterfährt.

Im unteren Abschnitt des Barranc können noch Autos fahren. Er hält sofort an, als er uns sieht, und steigt aus. Wieder einmal der Paulo-Effekt.

Bewundernd betrachtet er Paulo. *Hombre, que animal tienes.*

Sein kurzes Urteil zu ihm. Schnell erkläre ich ihm meinen Plan,

unsere Reise, unsere Wanderung.

Auch dieser Mann ist beeindruckt.

Ihr müsst unbedingt Gori besuchen, empfiehlt er uns. Der hat ein Haus weiter oben und arbeitet auch mit Eseln.

So höre ich zum ersten Mal von Gori. Gori Reynés von Can Silles. So etwas wie der Bürgermeister des Barranc.

Am Anfang geht es noch ziemlich eben geradeaus. Ein bequemes Laufen.

Der Wanderweg ist fast auf der ganzen Strecke mit Steinen gepflastert.

Ein grobes, aber solides Kopfsteinpflaster.

Stufen wurden integriert, wo es nötig war. Kleine, halbhohe Wände als Schutz gegen Abstürze sind als Begrenzung an den Seiten errichtet.

Man sieht: Der Weg ist von Fachleuten gebaut worden. *Margers* heißen diese Handwerker auf Mallorca, die die Trockenmauern bauen und Wanderwege anlegen. Einen harten Job haben diese Männer.

Die ewige Plackerei mit den schweren Steinen geht in die Knochen.

Ich habe einmal an einen Wochenendkurs im Trockenmauerbau teilgenommen.

Abends zuhause angekommen, tat mir mein Körper so weh, dass ich ernsthaft überlegt habe, nicht weiter am Kurs teilzunehmen. Ein heißes Bad mit Kräutersalzen linderte die schlimmsten Muskelschmerzen.

Am nächsten Tag war ich wieder dabei, ließ ich es dann aber um einiges ruhiger angehen mit dem Trockenmauerbau.

Die erste schmale Brücke müssen wir meistern. Paulo zeigt sich kooperativ und überquert die einfache Betonkonstruktion ohne viel Widerstand.

Ich gehe vor, Paulo in unserer Mitte und Jan hintendran. Ein paar zögerliche Schritte von Paulo gleiche ich mit energischem Zug am Führstrick aus.

So geht es später noch über mehrere kleine Stege. Kein einziges Mal weigert sich Paulo. Nur immer der kurze prüfende Check mit der Nase vor dem ersten Schritt.

Alternativ hätten wir durch die kleinen Wasserrinnsale gehen können.

Da hätte Paulo möglicherweise mehr rumtheatert.

Kurz nach der ersten Brücke beginnt ein sehr steiler Abschnitt.

Unsere Geschwindigkeit lässt deutlich nach.

Irgendwann im unteren Bereich teilt sich der Weg den Barranc hoch.

Links oder fast geradeaus der GR-221. Rechts biegt man ab auf den *Camì Vell*.

Den alten Wander - oder Pilgerweg. Wir bleiben auf dem gut ausgebauten GR-221.

Der Camì Vell ist an manchen Stellen eng und kaum ausgebaut. Auf ihm bin ich einmal abgestiegen. Weiter oben treffen die Wege dann sowieso wieder zusammen.

Die Vegetation, die Bäume, Büsche und kleinere Pflanzen gedeihen wundersamerweise gut im Barranc.

Bei manchen Bäumen fragt man sich, wie sie mit der wenigen oder sichtbar nicht vorhandenen Erde existieren können.

Es gibt sogar endemische Pflanzen, die nur hier im Barranc vorkommen.

Der *Buxus balearica* oder auch *boj balear* ist so ein Gewächs aus dem Barranc, dass nur in ganz wenigen Gegenden am Mittelmeer vorkommt.

Balearen-Buchsbaum heißt er auf Deutsch.

Es ist ein kleiner Laubbaum, der bis zu drei Meter hoch wachsen kann. Er wächst sehr langsam und ist auch im Barranc nur an wenigen Stellen zu finden.

Auf der Finca des mallorquinischen Biologen Antoni Font habe ich einmal an einer *Buxus* Pflanzaktion teilgenommen.

Seine kleine Finca liegt schon ziemlich weit hoch im oberen Teil des Barranc.

Wir trafen uns frühmorgens mit vielen Freiwilligen unten beim Waschhaus in Biniaraix.

Toni hatte über dreißig Setzlinge, alle etwa 30 - 40 cm hoch, von der staatlichen Gärtnerei Es Menut erhalten.

Jeder aus der Gruppe trug einen Topf mit Setzling und dann stiegen wir gemeinsam hoch zu Tonis Finca.

Diese Mini-Bäumchen wurden dann gut verteilt auf den Terrassen der Finca eingepflanzt.

Als ich über ein Jahr später wieder einmal Toni auf seiner Finca besuchte, konnte ich kaum ein Wachstum der Pflanzen erkennen.

Einige waren, wie zu erwarten, auch eingegangen. Sind nicht angewachsen.

Der Frühjahr und der Sommer nach unserer Pflanzaktion waren sehr trocken gewesen. Es hatte kaum geregnet. Das hatten dann einige Setzlinge nicht überstanden.

Ein gravierendes Problem für die Vegetation sind die Ziegen.

Die wilden Ziegen stellen auf der ganzen Insel eine Bedrohung für Pflanzen, Bäume und die Aussaat auf den Feldern dar.

Eine Plage, die so manche Aufforstungsaktion zunichtemacht.

Hier im Barranc ist das Problem noch verschärft wegen des ohnehin schon sensiblen Ökosystems.

Heute mit Jan als Mitwanderer läuft die Zeit schneller.

Trotz des anstrengenden Bergaufsteigens bleibt uns noch Luft zum Reden.

Ein paar Mal muss ich Paulo unterwegs zum Weiterlaufen animieren. Er bleibt einfach stehen und muss neue Kräfte sammeln. Einige Streckenabschnitte im Barranc sind sehr steil und da ging ihm wohl die Puste aus.

Der Aufstieg hat es auch in sich!

Der Weg windet sich fast im Zick-Zack Meter um Meter hoch. Bis zum Ausgang oben bei den Cases de L´Ofre sind gute 600 Höhenmeter zu überwinden.

Die werden einem nicht geschenkt. Die wollen erwandert werden.

Fast kann man sagen: Wollen bezwungen werden.

Gelegentlich bleiben wir stehen und machen eine kurze Verschnaufpause.

Die brauchen wir.

Das sind dann immer die Momente, um den Ausblick zu genießen.

Ab einer bestimmten Höhe sieht man auch das blaue Meer von hier oben.

Zuerst kommt es nur in kleinen Ausschnitten oder Dreiecken in Sicht.

Mit zunehmender Höhe kann man dann immer mehr vom Mittelmeer erblicken.

Nach etwa einer Stunde kommen wir durch den *L´Estret*. Eine Engstelle.

Die steilen Felsen auf beiden Seiten wachsen schier über unsere Köpfe.

Angeblich ist dies die schönste Stelle des Barrancs.

Auf den an vielen Strecken vorhandenen Mauern links und rechts vom Weg sind oft Dachpfannen eingelegt, um das Wasser zu kanalisieren. Um diese Jahreszeit fließt allerdings kein Tropfen durch diese offene Rinne.

Trocken ist sie und voll mit Blättern und Vegetationsresten.

An etlichen Stellen fehlen die Pfannen auch ganz. Böse Zungen behaupten sogar, dass Souvenirsammler schon mal Pfannen mitgehen lassen.

Nach anderthalb Stunden erreichen wir das Haus von Gori.

Sein Haus liegt links vom Wanderweg, wenn man aus Sóller kommt.

Oft hat er eine mallorquinische Flagge an einem hohen Mast gehisst.

Wir halten an und ich rufe laut seinen Namen. Er antwortet auch gleich und kommt heraus. Wir stellen uns vor.

Ich frage ihn, ob wir gegenüber von seinem Haus lagern können.

Claro! Packt ab und dann kommt rein auf ein Bier.

In Windeseile fliegt wieder alles auf den steinigen Boden. Jan hilft dabei. Paulo muss jetzt alleine am Olivenbaum stehen bleiben.

Wir gehen in Goris großzügigen Vorgarten. Bierdosen und eine Flasche Rosado stehen schon auf dem Tisch.

Welch' ein Empfang! Und es ist genau die richtige Uhrzeit für ein kaltes Bier.

Es wird eine interessante Unterhaltung mit Gori. Ein kleiner, drahtiger Mann in mittleren Jahren ist er, der gut erzählen kann. Hauptberuflich arbeitet er als Tischler beim Tren de Soller, der berühmten Eisenbahn, die Sóller mit Palma verbindet.

Zum Wochenende und wenn er nicht arbeitet, kommt er mit seinen Eseln hoch zum Haus im Barranc.

Manche Leute bezeichnen ihn nicht nur als Bürgermeister des Barranc, sondern auch noch als die „ànima des barranc", als die Seele der Schlucht.

Er zeigt uns das gar nicht so kleine Gebäude. Alles mit viel Liebe zum Detail eingerichtet und dekoriert.

Hinter dem Haus liegt noch ein schöner Gemüsegarten und etwas oberhalb dann die Standfläche für seine Esel.

Wasser gibt es reichlich aus einer Quelle in den Bergen. Zumindest dann, wenn es ausreichend geregnet hat.

Ich hole meinen Reiseproviant heraus und Gori tischt auch großzügig auf.

So vergeht klönend der Nachmittag.

So müsste Wandern immer sein.

Nach dem Essen schreibt Gori mir dann noch ein paar nette Worte in mein Wanderbuch.

Jan verabschiedet sich. Er muss wieder zurück nach Palma.

Ich lege mich in meine Hängematte die ich vorher wohlweißlich schon zwischen zwei Olivenbäumen aufhängt hatte.

Paulo bekommt noch eine Zwischenration Mais und Wasser.

Jetzt ist Siesta angesagt.

Am Spätnachmittag verabschiedet sich auch Gori. Er muss morgen arbeiten und das Wochenende ist mal wieder vorbei. Die drei Esel werden von ihrem Stellplatz geholt und vor dem Haus angebunden.

Viel helfen kann ich nicht. Gori hat seine eigene Technik und in wenigen Minuten sind die Tiere beladen und reisefertig.

Paulo guckt derweil angestrengt von der anderen Wegseite herüber. Grüße tauschen die Esel untereinander nicht aus.

Man schaut und beobachtet sich, hält aber das Maul....

Es ist ein toller Anblick, als Gori mit seinen drei Packeseln vor dem Haus losläuft und im Gänsemarsch mit ihnen zu Tal geht. Er hinterher, die Esel vorweg. Sie kennen ihren Weg.

Zuletzt vor vier Jahren, in den Cévennen beim Eselwandern, habe ich so viele beladene Esel auf einmal gesehen.

Dies ist so ein Moment, in dem ich wieder genau weiß, wie gut die Entscheidung war, mir vor Jahren einen Esel anzuschaffen.

Das Wandern und ein bisschen Landarbeit mit dem Esel als Hobby zu betreiben.

Der Esel als Kompagnon öffnet viele Türen, die einem sonst verschlossen blieben. Wer mit einem Esel an fremder Tür erscheint, ist immer willkommen.

Der kann kein schlechter Mensch sein.

Das ist zumindest meine Erfahrung, wenn ich als Eselwanderer unterwegs bin.

Auch im Dorf Calvià, wo Paulo auf einer schönen Weide sein Zuhause hat, habe ich viele Leute nur im Zusammenhang mit meinem Eselhobby kennengelernt.

Ich habe auch die Ruhe mit meinem Paulo wiederentdeckt.

Wer mit einem Esel unterwegs ist, muss zwangsläufig im reduzierten Tempo unterwegs sein. Esel kennen keine Eile. Der Mensch muss sich dem anpassen.

Eine natürlichere Entschleunigung gibt es kaum.

Ich bleibe alleine mit Paulo zurück. Gelegentlich kommen Wanderer vorbei.

Manche grüßen, manche nicht. Ich liege in der Hängematte und lese. Solche ruhigen Stunden muss ich ausnutzen.

Wer weiß, was ich morgen wieder alles durchmachen muss. Als Eseltreiber muss man ständig mit Überraschungen rechnen. Und fast alle sind sie mit körperlicher Anstrengung verbunden. Da muss man die Batterie aufladen, wenn Zeit dazu ist.

Vor Einbruch der Dunkelheit unternehme ich noch einen Spaziergang mit Paulo.

Er kann sich nach dem langen Stehen am Baum die Füße vertreten und ein bisschen Grünzeug suchen. Viel findet er hier nicht.

Selbst um diese späte Uhrzeit sind noch Jogger bergauf unterwegs. Manche Leute scheint nichts zu schrecken.

Kurz vor zehn erreichen wir wieder unseren Lagerplatz. Es wird schnell dunkel und man merkt das kalte und feuchte Klima im Barranc. Paulo binde ich etwas oberhalb des Lagerplatzes unter einem weit ausladenden Johannisbrotbaum an.

Hunger habe ich wenig. Ich trinke noch ein Bier und esse ein paar kleine Stücke Trockenwurst dazu.

Danach krieche ich direkt in meinen Schlafsack und strecke mich aus. Es war heute wieder ein langer und ereignisreicher Tag.

Es muss so um Mitternacht gewesen sein, als ich unsanft aus dem Schlaf geweckt werde. Die Hängematte schaukelt hin und her. Ich fühle mich wie auf See.

Von den Felswänden heulen starke Windböen fast ohne Unterbrechung herunter.

Es stürmt im Barranc.

Ich muss mir einen anderen Schlafplatz suchen. Hier kann ich nicht bleiben. Sonst wehe ich noch weg mit meinem leichten Baumwollbett. Hinunter in die tiefe Schlucht. Ich krabble aus dem Schlafsack und stelle mich auf die Füße. Alles gar nicht so einfach. Das Gleichgewicht zu finden bei dem Sturm dazu noch im Halbschlaf und obendrein ist es stockdunkel.

Auch der Mond ist nicht zu sehen. Wir haben zurzeit zwar Vollmond und der gibt in der Nacht zumeist genug Licht, um sich ohne Lampe bewegen zu können. Gerade jetzt ist er aber von Wolken verdeckt.

Erstmal suche ich meine Taschenlampe. Die finde ich glücklicherweise gleich.

Der Sturm heult ohne Gnade. Ich beschließe, etwas weiter unterhalb auf einer anderen Terrasse einen Platz für die Hängematte zu suchen.

Ich hoffe, dort ist es etwas geschützter.

Es ist nicht leicht, das Laufen im Dunkeln, da mich die Windböen fast umwerfen.

Nach drei bis vier Minuten komme ich an eine Stelle, wo der Wind nicht so hart weht.

Jetzt muss ich nur wieder zwei Bäume im richtigen Abstand finden.

Ich knote die beiden Leinen der Hängematte irgendwie an zwei passende Stämme, schwinge mich hoch und krieche hinein in den Schlafsack.

Jetzt bin ich leider hellwach und der Schlaf will sich nicht einstellen.

Ich muss so etwa eine halbe Stunde vor mich hin dösend gelegen haben, als der Wind urplötzlich aufhört. Von einer Sekunde auf die andere.

Fast so, als hätte einer nur einen Schalter umgelegt. Der Ventilator ist abgestellt.

Es kehrt Ruhe ein.

Jetzt höre ich die Schafsglocken. Ich bin von einer kleinen Herde Schafe umgeben. Die springen zwischen den Bäumen hin und her und von Terrasse zu Terrasse.

Ein nicht enden wollendes Ping Ping der Picarols.

Ich habe den Eindruck, dass alle Schafe des Barranc an meiner Hängematte vorbei kommen, um zu sehen, was es dort gibt. Nach etwa einer Stunde verschwinden sie alle. Irgendwann falle ich in einen unruhigen Schlaf.

Barranc de Biniaraix bis zum Gorg Blau

Wieder bin ich früh wach. Mich treibt die feuchte Kälte aus dem Schlafsack.

Hier oben zwischen den hohen Felswänden ist es kalt am frühen Morgen.

So richtig ausgeschlafen habe ich nicht.

Zuerst ein Kontrollbesuch bei Paulo. Alles gut.

Er hat die stürmische Nacht schadlos überstanden. Ich gebe ihm seine Morgenration Mais und stelle die Schüssel mit Wasser daneben. Ich muss mich ordentlich anstrengen bei dieser leichten Arbeit.

Mir tut der ganze Körper weh.

Die Nacht in der Hängematte mit den Unterbrechungen hat ihre Spuren hinterlassen.

Jetzt brauche ich einen heißen Tee. Die Kälte muss aus dem Körper.

Ich suche die Utensilien zusammen und gehe auf den steinigen Weg vor Goris Haus. Dort kann mit dem Feuer nichts passieren.

Zwei Tassen Tee trinke ich. Dazu ein bisschen Brot und Käse. So langsam komme ich ins Leben zurück.

Ich hole Paulo von seinem Johannisbrotbaum zum Lager herunter. Jetzt beginnt die unselige Packerei wieder.

Um zehn nach acht sind wir startbereit.

Es geht gleich stramm aufwärts. Heute Morgen wird uns nichts geschenkt.

Es ist ein harter Aufstieg für beide von uns. Mehrmals hält Paulo an. Ich treibe ihn auch nicht. Ich bin selber froh über jeden kurzen Stopp.

Fast die ganze Zeit laufen wir im Schatten. Kalt ist es zu dieser frühen Stunde.

Die Landschaft im oberen Teil des Barranc wird immer wilder. Die Felswände sind steiler und höher und engen den Weg an manchen Stellen deutlich ein.

Höllenschlucht könnte man den Barranc hier oben nennen. Aber Höllenschluchten gibt es ja so einige auf der Erde. Belassen wir es bei Barranc de Biniaraix.

Auch die Vegetation ändert sich. Es gibt hier oben wesentlich weniger Olivenbäume. Dafür nehmen die Pinien zu.

Kurz nach zehn Uhr erreichen wir endlich das Ende des Barrancs und hier scheint auch die Sonne. Sofort ist es angenehmer mit dem Laufen.

Jetzt nimmt leider der Wind wieder zu. Und das ganz kräftig.

Die ersten Wanderer, die früh in Biniaraix gestartet sind, überholen uns nun.

Dann passiert wieder ein Transportunfall. Paulo hakt beim Hochsteigen einer kleinen Treppe, es sind nur drei oder vier Stufen, an einem Eisenstück fest.

Ich war vor ihm gegangen, hatte es aber übersehen.

Ein verrosteter Metallrest ragt von einer Stufe hoch. Daran bleibt Paulo mit der linken Tragetasche hängen.

Er rutscht zurück und die ganze Ladung dreht sich an seinem Bauch. Mir bleibt nichts anderes übrig, als ihn von den Taschen zu befreien.

Anschließend ohne Ladung hüpft er fast wie eine Bergziege die paar Stufen hoch. Ich darf mal wieder schleppen.

Paulo wartet unterdessen auf dem kleinen Plateau oberhalb vom Barranc und schaut in die Ferne.

Das hat mir heute Vormittag noch gefehlt. Die ganzen Kilos wieder fünfzig Meter zu schleppen.

Es ist ein toller Platz hier oben. Die Aussicht. Das Licht. Die Vegetation. Alles so, wie man sich Mallorcas Berglandschaft vorstellt.

Über uns auf der linken Seite die steile Bergkette von Son Torella.

Vor uns guckt der Gipfel des L´Ofre über die Bäume hinaus.

Rechts von uns die *cases de L´Ofre*. Ein kleiner Bauernhof.

Mir fehlt nur die nötige Muße, das in diesem Moment zu genießen.

Die Schlepperei und das neuerliche Beladen des Gepäcks auf Paulos Rücken bringen mich wieder arg zum Schwitzen.

Um elf Uhr geht es weiter.

Die Wanderer werden mehr. Die ersten fragen mich nach dem Weg. Ich kenne mich hier auch nicht aus. Der GR-221 ist aber gut markiert und ausgeschildert.

Man muss sich nur die Mühe machen, die kleinen weißroten Markierungen zu suchen.

Eine Wanderkarte dabei zu haben ist dann noch eine große Hilfe. Sollte eigentlich selbstverständlich sein. Wer eine Gegend nicht kennt, muss eine Karte mitführen.

Gehört zur Basisausrüstung eines guten Wanderers.

Es geht weiterhin bergauf, aber jetzt weniger steil.

Wir laufen gemütlich im ruhigen Schritt auf sandigem Boden durch schattige Pinienwälder.

Ab jetzt muss ich meine Augen ganz besonders aufhalten.

Gefahr liegt in der Luft. Mehr für Paulo als für mich.

In der nächsten Stunde müssen wir auf ein Zusammentreffen mit wilden Eseln gefasst sein. Ich habe schon einen großen Knüppel in der Hand.

Meistens laufe ich ohne Wanderstock. Heute bin ich bewaffnet.

Gori hatte mich gestern noch gewarnt. Pass´ auf mit den Eseln oben am Stausee.

Im Bereich des Trinkwasserreservoirs Cuber laufen etliche Esel herum.

Wild oder halbwild. Ich weiß es nicht so genau.

Aber irgendjemandem werden sie schon gehören.

Kleinere Herden oder einzelne Hengste hatte ich hier bei meinen früheren Wanderungen häufig beobachten können.

Wenn die mich mit meinem Paulo entdecken, könnte manch´ ein Hengst ihn als Eindringling in sein Revier sehen.

Warten wir ab, wie wir hier durchkommen.

Als wir kurz vor dem kleinen Haus von Binimorat sind, sehe ich plötzlich zwei lange Ohrenpaare über eine Mauer herausragen.

Wir werden beobachtet. Man hat uns kommen sehen. Zwei dunkle Eselköpfe sind auf uns gerichtet.

Paulo ist gerade wieder mit der Nase am Boden, um ein Mini-Wasserrinnsal zu durchqueren. Er hat seine Kollegen noch nicht entdeckt.

Keine Minute dauert es und die beiden Esel kommen hinter der Mauer heraus und laufen uns im flinken Tempo entgegen. Paulo sieht sie jetzt auch.

Er bleibt sofort stehen und stellt die Ohren steil auf nach vorne. Untrügliches Zeichen von Alarmmodus bei Eseln.

Ich hebe zwei Steine vom Boden auf. Meine Idee ist es, die beiden Tiere mit gezielten Steinwürfen auf Abstand zu halten.

Der dicke Knüppel ist für einen möglichen Nahkampf reserviert. Soweit kommt es hoffentlich nicht.

Ich erkenne, es ist ein Hengst mit seiner Stute, die da auf uns zukommen.

Beides sehr schöne Tiere und auch wie Paulo zur mallorquinischen Rasse gehörend.

Der Hengst vorweg. Die Stute in kurzem Abstand hinter ihm.

Paulo bleibt ruhig, beobachtet aber genau jede Bewegung seiner beiden Rassenkollegen. Seiner Verfolger. Sie als Angreifer zu bezeichnen wäre übertrieben.

Als der Hengst bis auf zwanzig Meter herangekommen ist, werfe ich den ersten Stein. Er knallt ihm vor die Hufe, trifft ihn nicht am Körper. Ich sehe aber, er hat sich erschreckt und bleibt stehen.

Er beobachtet mich jetzt ganz genau. Hat auch sein Ohren nach vorne gestellt.

Noch einer im Alarmmodus.

Wir laufen langsam weiter auf dem Weg.

Andere Wanderer sind gerade nicht in Sicht. Vielleicht auch besser so.

Meine Befürchtung war, dass Paulo vielleicht Reißaus nehmen würde angesichts eines fremden Hengstes. Eine durchaus natürliche Reaktion in unbekanntem Terrain.

Er folgt aber, ohne zu zögern; mal hinter, mal neben mir. Kein Laut kommt von ihm. Nichts. Er weiß eben, wer der Chef ist... und er verlässt sich auf mich. Ich muss uns hier heil durchbringen.

Die beiden Esel umkreisen uns, und der Abstand bleibt beständig zwischen fünfzehn bis zwanzig Meter.

Kommt der Hengst näher als fünfzehn Meter an uns heran, werfe ich einen Stein. Einmal treffe ich sogar eins seiner Vorderbeine.

Ich hoffe, dass kein Leser mich jetzt als Tierquäler verurteilt. Ich musste schlicht und einfach für mich und meinen Wanderfreund den Weg freikämpfen.

Blut floss in keinem Moment.

So geht es Minute um Minute weiter. Manchmal brüllt der Eselhengst. Mehr ein tiefes Grollen. Die Stute gibt keinen einzigen Ton von sich...

Auch von Paulo kommt kein Laut. Sein Atem ganz normal. Die Situation scheint ihn nicht aufzuregen.

Ich schwitze gewaltig. Und das nicht nur von der Sonne. Schatten gibt es auf dieser Strecke sowieso nicht. Um den See herum stehen nur niedrige Vegetation und ein paar einzelne Bäume.

In der Ferne kann ich ein hohes Eisentor erkennen. Links davon eine kleinere Tür. Dort müssen wir durch. Hoffentlich bleibt Paulo nicht gerade dort in der engen Tür mit seiner Ladung hängen.

So geht es noch mindestens eine Viertelstunde weiter.

In regelmäßigen Abständen werfe ich einen Stein. Zum Schluss bleibt der Hengst schon stehen, wenn ich mich nur bücke. Esel sind einfach schlaue Tiere...

Endlich erreichen wir das Eisentor. Es ist mit einem Vorhangschloss verschlossen, wie ich schon ahnte. Die Tür daneben ist aber nur angelehnt.

Zwei junge Männer sind gerade dort durchgegangen.

Sie sehen uns etwas überrascht an. Ein Wanderer mit Esel, der Steine nach einem anderen Esel wirft. Sie grüßen knapp, sagen aber nichts.

Ich öffne die Tür und Paulo schlüpft durch ohne zu zögern. Er weiß, worum es geht.

Die Taschen schrappten ein bisschen an den Türpfosten, aber nichts ist verrutscht.

Jetzt stellt sich Paulo direkt an das große eiserne Tor. Auf der sicheren Seite sozusagen. Sofort kommt der Hengst angerannt. Dabei stößt er ein paar Schreie aus, wie ich sie selten bei Eseln gehört habe. Ich habe das Gefühl das ganze Tal des Cuber bebt.

Mit dem Gitter als Schutz dazwischen beschnuppern Paulo und der fremde Hengst sich jetzt ausgiebig. Auch die Stute kommt näher. Hält aber Abstand zum Gitter.

So lasse ich die beiden ein paar Minuten gewähren. Dann nehme ich Paulos Führstrick und wir laufen weiter. Es kommt auch kein Widerstand von seiner Seite.

Da sind wir noch einmal gut davon gekommen bei diesem Treffen auf freier Wildbahn!

Weitere Esel sehen wir im Tal des Cubers zum Glück nicht.

Nur ein paar Kühe stehen unten in der Nähe des Wassers. Sie sind weit weg und stören uns nicht.

Auch die Kühe, der einheimischen mallorquinischen Rasse, laufen hier, genau wie die Esel, das ganze Jahr über frei herum.

Die nächste Stunde schleichen wir nur so dahin. Die Sonne brennt gnadenlos.

Keine Brise weht hier. Nicht der kleinste Baum wächst hier am Weg der uns ein bisschen Schatten geben könnte. Es ist wieder einmal am Limit.

So erreichen wir um die Mittagszeit die Landstraße bei Es Collet.

Ein schmales Tor müssen wir noch passieren. Es passt so gerade.

Kaum ein Zentimeter Luft an beiden Seiten, aber Paulo ruckelt sich durch. Das hätte mir jetzt noch gefehlt. Abpacken und wieder Aufpacken. Und das alles bei 38ºC.....

Wir müssen unbedingt eine Pause machen. Wichtig ist ein schattiges Plätzchen.

Von früheren Wanderungen kenne ich den Weg neben der offenen Wasserleitung. Dort will ich hin. Unter den Pinien werden wir hoffentlich im Schatten lagern können.

Nach ein paar Minuten Laufens auf der MA-10 erreichen wir wieder den GR-221.

Der Weg führt an der großen Betonkonstruktion vorbei, in

der Regenwasser aufgefangen und in die Stauseen geleitet wird.

Nach wenigen Metern schon sehe ich eine brauchbare Stelle.

Direkt am Weg zwischen ein paar Pinien. Für die Mittagspause wird es gehen.

Hier bleiben wir die nächsten zwei Stunden.

Dann hat sich die Sonne soweit gedreht, dass die Bäume keinen Schatten mehr geben. Wir müssen weg hier, wollen wir nicht gedörrt werden.

Beim Herumstreifen um das Lager hatte ich einen starken Wasserstrahl entdeckt der aus einem Loch oberhalb der Betonrinne herausschießt.

Kaltes Wasser. Ich fülle unsere Flaschen und Kanister, und trinke sogar selber direkt davon. Kaltes Wasser kann sehr gut schmecken.

Um kurz nach drei Uhr räumen wir unser Lager. Es dauert mit dem Beladen von Paulo. Ich bin einfach schlapp und jede körperliche Anstrengung fällt mir schwer.

In der ganzen Zeit unserer Siesta kommen höchstens drei oder vier Wanderer vorbei. Es ist so heiß, dass jeder vernünftige Mensch im Schatten liegen bleibt, so er Schatten findet, oder gar nicht erst aus dem Haus geht.

Letzteres ist wahrscheinlich die schlauere Lösung. Nur wir wissen es wieder einmal besser.

Von jetzt an geht es flott bergab.

Die MA-10 ist eine kurvige Straße auf diesem Streckenabschnitt und an vielen Stellen eng. Mancher Autofahrer schrammt ungemütlich dicht an uns schutzlosen Fußgängern vorbei.

Auch der Fahrer eines großen Reisebusses vergisst ein bisschen das rücksichtsvolle Verhalten gegenüber anderen Verkehrsteilnehmern.

Manchmal möchte man auch hier Steine werfen.

Unser Ziel ist der Picknickplatz am Gorg Blau,

dem unteren oder nördlicheren der beiden Stauseen.

Dort wollen wir heute Nacht bleiben. Ich kenne die Anlage von früheren Besuchen.

Der ganze Platz ist mit hohen Bäumen dicht bestanden. Wir können also im Schatten lagern. Dazu gibt es eine ganze Anzahl fest verankerter Tische und Bänke und ein WC! Was braucht der Wanderer mehr?

Um Punkt vier Uhr erreichen wir den Picknickplatz. Ich bin überrascht. Es ist noch reichlich Betrieb hier. Und ich dachte die Touristen liegen alle am Strand.

Ich suche einen Tisch etwas abseits zum See hin gelegen, wo wir unser Lager aufschlagen können. Paulo binde ich gleich an einem Baum an. Zwischen den Leuten soll er nicht frei herumlaufen.

Wahrscheinlich sind frei laufende Haustiere hier ohnehin verboten.

Als alles abgepackt ist, setze ich mich erst einmal in Ruhe auf die Bank.

Es ist wieder ein harter Tag gewesen. Erst der Aufstieg im Barranc de Biniaraix,

dann das stressige Zusammentreffen mit dem Eselhengst und danach die endlose Strecke ohne Schatten bis zum Mittagsrastplatz.

Heute ist nur noch Ausruhen angesagt.

Ein junges Paar nähert sich uns und die Frau fragt, ob sie Fotos machen dürfe.

Sie fragt mit Gesten, hält die Kamera hoch und zeigt auf Paulo.

Ich antworte ihr direkt auf Deutsch: Machen sie so viele sie wollen.

Sie guckt etwas überrascht. Wohl wegen meiner guten Deutschkenntnisse.

Es ergibt sich dann eine nette Unterhaltung über Esel, Wandern und die Hitze.

Ich hatte wohl auch das Bedürfnis, mich einmal mitzuteilen nach den heutigen Strapazen.

Die beiden machen in Cala Ratjada Urlaub. Für heute haben sie sich einen Motorroller gemietet und damit sind sie auf der Insel unterwegs.

Eigentlich hätten sie noch nach Sóller gewollt, aber der

Rückweg bis nach Cala Ratjada im Nord-Osten ist noch weit und sie wissen nicht so recht, ob sich die Fahrt bis Sóller noch lohnt.

Tja, Sóller und der Hafen von Sóller lohnen sich immer für einen Besuch.

Das kann ich nur bestätigen.

Nur der Weg dahin und dann die Rückfahrt. Viele Kurven sind es und der Tunnel.

Das dauert. Weitere Ratschläge kann ich auch nicht geben.

Dann habe ich eine Bitte an sie. Eine plötzliche Eingebung. Ob sie zum Kiosk an der Abfahrt nach Sa Calobra fahren könnten, um mir von dort zwei Bier zu holen.

Ja, natürlich. Machen wir. Ich gebe dem Mann fünf Euro und weg sind sie mit ihrem weißen Mietmotorroller.

Es dauert etwas, bis die beiden zurückkommen und ich mein Bier trinken kann.

Der Weg dorthin ist doch weiter, als wir gedacht hatten, meint die Frau nach der Rückkehr.

Das merke ich auch ganz persönlich am nächsten Morgen auf dem Weitermarsch.

Die Biere dürfen nicht warm werden. Ich trinke beide Dosen, ohne viel zu zögern leer.

Die jungen Urlauber verabschieden sich und fahren nun doch noch Richtung Sóller, wie ich sehen kann. Da wird es eine späte Ankunft heute Abend in Cala Ratjada, denke ich so. Aber der Roller muss ausgenutzt werden.

Der Picknickplatz leert sich langsam. Ich binde Paulo los und wir laufen ein bisschen. Zum Strand am Stausee zuerst. Dann noch eine ausgiebige Runde über den weitläufigen Platz.

Es ist noch längst nicht dunkel, da sind wir schon alleine.

Alles für den Esel und seinen Treiber.

Ich packe meine Kochutensilien aus und mache mir einen Eintopf heiß.

Weit weg von den Bäumen auf dem Picknickplatz unten am Strand am Gorg Blau. Hier ist wieder keine Feuergefahr. Mache mir auch noch gleich die Thermoskanne voll mit Tee für morgen früh nach dem Aufstehen.

Bis wir an eine Kaffeebude kommen, wird es morgen dauern.

Kurz vor Einbruch der Dunkelheit dann das übliche Abendzeremoniell. Ich binde die Hängematte zwischen zwei Bäumen fest.

Paulo bringe ich an einen Baum etwas außerhalb der eigentlichen Picknickzone. Bleibt er über Nacht hier zwischen den Tischen und Bänken stehen, sind diese die nächsten Tage oder Wochen nicht benutzbar.

Die Dungmenge, die er in einer Nacht produziert, ist enorm.

Die Nacht ist wieder ausgesprochen ruhig.

Nur das übliche Vogelgeflatter und die Geräusche von Paulos Hufen, wenn er auf dem Boden scharrt.

Einem tiefen Schlaf steht nichts im Wege.

Auf dem Weg zum Kloster Lluc

Heute Morgen bleibe ich sogar etwas länger liegen.

Ist es das Halbdunkel unter den vielen Bäumen? Oder brauche ich einmal eine Stunde mehr Schlaf?

Um halb acht sind wir aber trotz des späteren Aufstehens schon auf der Landstraße. Frühstücken und Packen ging schnell.

Wir marschieren auf ebener Straße am Ufer des Stausees entlang.

Heute ist es nicht gleich so ein anstrengender Start wie gestern im Barranc.

So kommen meine kalten Knochen langsam in Gang.

Hier am Seeufer stehen Unmengen Dissgräser. Ich lasse Paulo ordentlich fressen.

Unser Ziel ist heute das Kloster Lluc. Santuari de Lluc wie es auf Mallorquin heißt.

Der heiligste Ort auf der Insel überhaupt.

Gegen Mittag müssten wir da sein, wenn alles gut läuft.

Nach etwas über einen Kilometer erreichen wir beim Ende des Stausees den Tunnel, der unter der Serra de Turixant durchführt.

Die erste Tunneldurchquerung mit Paulo. Mal sehen, wie wir das hinbekommen.

Der Tunnel ist ohne Beleuchtung. Eine dunkle Röhre also. Schwach sieht man das Tageslicht am anderen Ende. Hoffentlich sieht Paulo das auch...

Am Anfang des Tunnels, die ersten fünfzig Meter vielleicht, da läuft er etwas zögerlich. Zieht von der dunklen rechten Felswand zur Straßenmitte hin.

Ich muss energisch am Führstrick ziehen.

Hoffentlich kommt jetzt kein großer Reisebus.

Nach zwei, drei Minuten kommen wir aber richtig in Fahrt. Paulo erkennt jetzt wohl das Ende des Tunnels. Das zieht ihn voran. Er gibt Gas.

San Andrés, San Christophorus und San Cristóbal, die Schutzpatrone der Eseltreiber, Lastwagenfahrer und anderer professioneller Transporteure auf Straßen und Wanderwegen stehen an beiden Enden des Tunnels und halten den Verkehr auf.

Bei der ganzen Tunneldurchquerung treffen wir auf kein einziges Auto.

Glück gehabt.

Als wir endlich aus der Röhre heraus, sind bremse ich Paulo.

Ich bin ein bisschen aus der Puste nach dem morgendlichen Sprint im Tunnel.

Direkt neben der Straße am Tunnelausgang ist ein kleiner Parkplatz und dort halten wir an.

Paulo dreht sich um und schaut angestrengt Richtung Tunnel.

Was denkt er? Sind wir da durchgekommen?

Es ist frisch und angenehm kühl hier in der waldreichen Gegend der Serra.

Die Morgenfrische hält leider nie lange an. Je nachdem, wo man läuft, ist es ab zehn Uhr schon immer richtig warm. Heute sind wir aber auf der schattigen Nord-West Seite des Tramuntana Gebirges unterwegs. Vielleicht bleibt es hier am Vormittag etwas länger kühl.

Kaum laufen wir weiter, treffen wir auf einen älteren Mann, der seine Schafe füttert. Er wirft ihnen Ballen Alfalfa hin, die er von einem kleinen Hänger nimmt.

Wenige Schafe sehe ich nur. Und reichlich Ballen Alfalfa. Ein großzügiger Schäfer.

Er hört sofort mit dem Abladen auf, als er uns bemerkt und kommt an den Zaun.

Wo kommt ihr denn her?

Die ganze Liste der Fragen, die ich nun schon auswendig kenne, kommt jetzt.

Als ich ihm sage, wir wollen nach Formentor, meint er etwas überrascht: Heute noch? Das wäre doch kaum zu schaffen zu Fuß. Das wäre noch ein weites Stück.

Ich erkläre es ihm genauer. Wenn wir heute Mittag bis zum Kloster Lluc kommen bin ich vollauf zufrieden.

Ja, ok. Das wäre machbar, meint er daraufhin. Claro, Claro.

Du hast ja auch ein richtig großes Tier. Hab´ selten so einen großen Esel gesehen. Hat ja fast Pferdegröße. So seine Kommentare.

Mit fachmännischen Blick und wiegendem Kopf schaut er sich meinen Paulo von allen Seiten an, soweit ihm das über den Zaun möglich ist.

Abschätzend wie ein Pferdehändler. Jetzt fehlt nur noch ein Preisangebot.

Wieder kommen Anekdoten zur Landwirtschaft, zum Arbeiten mit Zugtieren.

In Mallorca waren die Zugtiere früher zumeist Mulis. Esel benutzten nur die kleinen Bauern oder arme Leute. Pferde wurden für schnelle Transportaufgaben angespannt.

Unser Schafsbesitzer sagt aber gleich, dass er kaum noch mit Tieren gearbeitet hätte. Ziemlich früh wäre er schon Traktor gefahren.

So vergehen schnell zehn Minuten hier am Straßenrand der MA-10.

Wir müssen weiter.

Der Mann verabschiedet sich richtig freundlich von uns. Bon camì i bona arribada a Formentor. Wünscht er uns noch hinterher.

Für den Rest des Tages hat er jetzt Zeit über uns beide wandernde Morgengestalten nachzudenken.

Nach zwanzig Minuten im schnellen Morgentempo erreichen wir die Kreuzung nach Sa Calobra.

Ein paar Fotos mit Paulo davor an den Hinweisschildern. Damit uns später auch jeder glaubt, dass wir hier vorbei gekommen sind. Und weiter geht's.

Nicht lange dauert es und wir kommen an der Wasserabfüllerei „Font Major" vorbei.

Die liegt hier in einer dunklen Talecke im Wald. Ich höre Lärm und Stimmen.

Man arbeitet schon. Die Menschheit braucht Trinkwasser.

Nach einer weiteren Viertelstunde der nächste Stopp. Etwas plötzlich und unerwartet die Begegnung.

Leider lässt dieses Treffen einen etwas negativen Eindruck zurück.

Wir laufen gerade auf einem sonnigen Streckenabschnitt, als direkt vor uns auf der Gegenfahrbahn ein kleiner PKW scharf bremst und anhält. Der Fahrer schaltet die Warnblinker ein und springt wie angestochen aus der Tür heraus.

Ich erschrecke mich gewaltig und auch Paulo macht einen Sprung zur Seite und bleibt ruckartig stehen.

Ich das ein verdecktes Polizeiauto? Eine Verkehrskontrolle der besonderen Art?

Ich bin auf alles gefasst.

Selbst der Gedanke an einen Überfall hier in der einsamen Gegend geht mir für Sekundenbruchteile durch den Kopf.

Der große junge Fahrer kommt mit eiligen Schritten lachend auf uns zu.

Ich beruhige mich etwas, bleibe aber im Alarmmodus. Was will der von uns?

Sowas wie euch hier zu treffen, habe ich ehrlich gesagt nicht erwartet.

So oder ähnlich eröffnet er das Gespräch ohne weitere Präliminarien.

Als ich sein Gesicht betrachte, habe ich das Gefühl, ich kenne ihn. Kann ihn aber nicht einordnen in meinen Freundeskreis.

Jetzt geht die übliche Fragerei los.

Plötzlich wird mir klar, woher ich ihn kenne. Aus dem Fernsehen.

Es ist Rafa, Rafa de Can Renou, der Wanderführer im Programm „Tira, Tira" von IB3, dem lokalen Fernsehsender.

Die Sendung hatte ich mir häufiger angesehen, da die Wanderrouten immer gut beschrieben wurden.

Nur trägt er jetzt einen kurzen Haarschnitt und nicht mehr mit die lange Mähne, wie ich ihn in Erinnerung habe. So erkenne ich ihn nicht gleich.

Ich sage ihm das und er lacht. Ja, die Haare mussten mal ab.

Er fragt ob er Fotos machen darf. Ja, darf er. Er macht wohl fünfzig oder mehr.

Dabei erklärt er mir schnell, warum er heute zu so früher Stunde hier unterwegs ist.

Er will Promotionsfotos für den X-Trail oder Ultratrail machen. Einer nächtlichen Rennerei durch die Serra de Tramuntana von Andratx im Südwesten nach Pollença im Norden.

Nicht so jedermanns Sache. Nur was für Profis und gut präparierte Amateure.

In sechzehn Stunden rennen die Besten in dunkler Nacht durchs Gebirge.

Für einen Videovorspann braucht Rafa jetzt Material.

Leider ist heute Morgen das Licht nicht sehr schön. Wolken ziehen durch.

Alles ein bisschen bedeckt. Nichts für Premiumfotos.

Zwei Radfahrer halten an, bleiben bei uns stehen und betrachten Paulo.

Ein holländisches Paar mittleren Alters. Auch sie zücken ihre Kameras.

Die Klickerei nimmt kein Ende...

Ich bitte Rafa, mir später ein paar Fotos zu mailen.

Claro. Bekommst du. Schicke ich dir zu. Ich gebe ihm eine Karte mit meiner E-Mailadresse. Wir verabschieden uns.

Bis zum heutigen Tag habe ich kein Foto oder ein kurzes Video von ihm erhalten.

Von einem Profi der Unterhaltungsbranche hätte ich ein anderes Verhalten erwartet.

Lange nach diesem Treffen spricht mich einer der Mechaniker aus der Autowerkstatt in Calvià an: Ich hab dich mit deinem Esel in Youtube gesehen.

Später gibt er mir die genaue Seite. Und da sehe ich mich dann mit Paulo für drei oder vier Sekunden in die Kamera lächeln. Im Vorspann zu einem X-Trailvideo.

So klein ist die Welt.

Es ist ein schönes Laufen hier oben auf der Landstraße.

Nur ganz wenig Autoverkehr stört uns Wanderer um diese frühe Uhrzeit.

Rechts von uns ist dichter Wald aber links von der Straße werden die Aussichten immer spektakulärer. Häufig bin ich hier mit dem Auto unterwegs gewesen.

Als Wanderer auf dieser Strecke noch nie.

Wieviel mehr bekommt man zu sehen, wenn man zu Fuß unterwegs ist.

Die einmalige Sicht auf die Berge, auf die See.

Wir bewegen uns auf einer Höhe von um die sechshundert Meter. Da kann man schon ganz schön weit gucken.

Weit unten ist ein großes Haus zu erkennen. Ganz alleine steht es dort am Berg.

Es ist das *Cuartel de Carabiners*. Eine alte, verlassene Polizeikaserne.

Die sollten wohl die Schmuggler in dieser einsamen Gegend in Schach halten.

Macht man die Rundwanderung um den Puig Roig herum, kommt man an diesem alten Gebäude vorbei.

Vor Jahren haben wir dort einmal bei einer sonntäglichen Wanderung um den Puig Roig herum eine längere Pause gemacht.

Die Strecke ist nicht besonders schwierig, aber die zwanzig Kilometer ziehen sich und alles über Stock und Stein fast ohne richtigen Wanderpfad. Da war ein Ausruhen im Windschatten des Cuartels nötig.

Der Puig Roig, gerade mal drei Meter über der Tausendermarke, und sein Nachbar der Puig Caragoler de Femenia, deutlich unterhalb der Tausendermarke, dominieren hier das Gebirge Richtung Küste.

Rechts von uns, aber unsichtbar bei dem dichten Wald, liegen der Massanella, der Galileu und die fünf Teixos Spitzen.

Auf die ersten beiden habe ich schon meine Füße gesetzt.

Auf den Galileu sogar zweimal.

Bei der Serra de Teixos fehlen mir noch vier Gipfel.

Bei unserem Aufstieg vor ein paar Jahren war ich die Kraxelei nach dem ersten Gipfel leid.

Die anderen halte ich einmal für die Zukunft im Auge.

Schauen wir mal...

So allmählich bekomme ich Kaffeedurst. Eine heiße Tasse

mit *café con leche* wäre jetzt das richtige. Eine Pause ist sowieso nötig.

Der nächste Boxenstopp kann nur am Restaurant „Escorca" sein.

Ein bekanntes Ausflugsziel in einmaliger Lage, wo ich schon häufiger eingekehrt bin.

An den Abstieg nach Sa Calobra erinnere ich mich. Das Treffen der Gruppe an dem Morgen begann im Restaurant mit Kaffee.

Ein anderes Mal haben wir an einem kalten Wintertag unsere Lebensgeister im Restaurant am Kamin wieder aufgeweckt. Der Aufstieg zum Massanella war lang und hart gewesen. Der Abstieg nicht weniger anstrengend. Da brauchten wir, endlich unten angekommen, eine ausgiebige Pause, bevor wir wieder Richtung Calvià nach Hause fuhren.

All das geht mir bei der Lauferei durch den Kopf. Das Restaurant „Escorca" ist also unser nächstes Ziel. Wir sind schon dicht davor. Das Timing ist perfekt.

So gegen halb zehn müssten wir dort ankommen. Mit der Vorfreude auf ein gutes Frühstück geht die Lauferei noch besser und schneller.

Um zwanzig nach neun schon erreichen wir das Restaurant.

Paulo binde ich auf dem Parkplatz gegenüber an. Ich setze mich auf die Terrasse und freue mich auf ein gutes Frühstück.

Man hat anscheinend gerade erst aufgemacht. Eine Frau fegt die Terrasse, fragt aber nicht, ob ich etwas möchte.

Scheint wohl die Putzfrau zu sein.

Auf einer anderen Terrasse sehe ich zwei Männer im Gespräch.

Sonst ist niemand in Sicht. Keiner kümmert sich um mich als den einzigen Gast.

Ich gehe nach drinnen an die Bar.

Dort putzt eine junge Frau die Gläser. Sie ist etwas überrascht über mein Auftauchen habe ich das Gefühl. Kunden so früh...

Ich frage nach Frühstück und einem heißen Kaffee vorweg.

Es geht. Na Gott sei Dank.

Da hat der ausgehungerte Wanderer wieder Glück gehabt.

Der Kaffee kommt bald. Das bestellte Käsebrot dauert etwas. Der Orangensaft auch. Vielleicht mussten die Apfelsinen erst gepflückt werden.

Aber als Eselwanderer hat man Zeit und Geduld. Der Platz auf der Terrasse ist auch perfekt. Ich habe schon an schlimmeren Orten auf ein Frühstück warten müssen.

Es erscheinen die ersten Touristen mit ihren Mietautos. Machen Fotos und fahren gleich weiter.

Paulo auf dem Parkplatz wird unruhig. Er zerrt an seiner Leine. Ich kann's auch nicht ändern. Er muss sich gedulden. Genau wie sein Herrchen.

Das Käsebrot ist super. Ein dickes Lob. Die Frau, die vorher die Terrasse gefegt hat, bringt mir jetzt das Frühstück. Die Fegerei hat wohl erstmal ein Ende.

Alles rein und sauber. Jetzt bedient sie den einzigen Gast.

Nach dem ausgiebigen Frühstück, zu dem noch ein zweiter Kaffee kommt, möchte ich jetzt Fotos machen. Und einen Stempel in mein Buch.

Um den Stempel bitte ich zuerst. Sonst vergesse ich das wieder. Die junge Frau an der Theke versteht mich nicht so richtig. Sie hat einen starken osteuropäischen Akzent, merke ich jetzt.

Ich zeige ihr mein Buch und erkläre meinen Wunsch nochmals in einfachen Worten und langsamer Aussprache. Jetzt hat sie verstanden. Bloß, wo ist der Stempel?

Der findet sich dann zum Glück schnell in der Registrierkasse.

Den Wunsch nach ein paar netten Worten in meinem Buch schlägt sie mir ab.

Sie wüsste nichts zu schreiben. Und das sagt sie mit so deutlichen Worten und in einem Ton, der Nachfragen nicht zulässt. Diesen energischen Ton gegenüber Kunden hat sie wohl aus ihrer fernen Heimat mitgebracht.

Jetzt kommt die Fotosession dran. Die Frau, die mir das Frühstück gebracht hat, fegt wieder. Zu bedienen gibt es auch nichts. Sie hat wieder den Besen in der Hand statt ein Tablett.

Ich frage, ob ich mit dem Esel kurz auf die Terrasse kommen könnte, um Fotos zu machen. Und frage auch gleich, ob sie Fotos von mir zusammen mit dem Esel machen könnte.

Sie überlegt. Schaut mich von oben bis unten an und sagt dann, ich solle besser erst den Chef fragen. Dabei zeigt sie in die Richtung der beiden Männer am Tisch auf der anderen Terrasse.

Ich laufe hinüber. Der Chef ist der ältere der beiden Männer.

Ich merke, dass ich hier störe. Es wird wahrscheinlich gerade über wichtige geschäftliche Dinge gesprochen oder verhandelt. So einer wie ich auf der Durchreise fehlte den beiden noch an diesem sonnigen Morgen. Ich wage aber trotzdem zu fragen.

Der Chef wiegt den Kopf hin und her. Ok. Du kannst Fotos auf der Terrasse machen. Aber pass´ auf mit dem Esel, denn dort liegen lose Steine. Dass ihm nichts passiert.

Ich bedanke mich für die Erlaubnis, auf seiner Terrasse Fotos machen zu dürfen und auch für den Sicherheitshinweis.

Uff, manche Angelegenheiten sind gar nicht so einfach.

Ich hole Paulo von seinem Zaunpfahl weg und wir trotten auf die Terrasse.

Zuerst mache ich ein paar Fotos nur von Paulo. Darauf achtend, dass das Namensschild des Restaurants zu sehen ist.

Jetzt möchte ich aber gerne daneben stehen und auch mit aufs Foto kommen.

Die Besenfrau ist nicht in Sicht. Ich gehe nach drinnen. Der Speisesaal ist dran.

Jetzt wird dort der Boden mit flinken Schwüngen gereinigt.

Ich frage sie, ob sie einen Moment Zeit hätte und schiebe gleich hinterher, dass der Chef auch seine Genehmigung gegeben hätte.

Sie stellt den Besen in eine Ecke und kommt mit mir nach draußen. In einer Minute sind wir durch mit der Fotografiererei.

Jetzt strahlt die Frau fast ein wenig. Endlich mal was anderes als Besen und Tablett.

Bei unserem kurzen Wortaustausch merke ich, dass auch sie keine Einheimische ist.

Ihr Spanisch ist aber sehr gut.

Es ist Zeit zu gehen. Lluc wartet. Hoffentlich ist dort der Empfang etwas anders.

Mit dem vollen Magen läuft es sich weniger leichtfüßig, aber der Kaffee hat die Lebensgeister geweckt und ich bin richtig gut drauf. Ich freue mich auf Lluc.

Vor knapp einem Jahr bin ich zuletzt dort gewesen.

Hatte mich die letzten Kilometer als Pilger zum Kloster hingeschleppt. Als Teilnehmer des traditionellen Marsches von Palma nach Lluc. *Lluc a peu.*

So heißt dieser Nachtmarathon, der immer am ersten Samstag im August stattfindet.

Start ist abends um dreiundzwanzig Uhr auf einem Platz in der Carrer Aragó mitten in Palma.

Die Uhrzeit ist so spät festgesetzt, da im August niemand am helllichten Tage diese Strapazen überstehen würde. Bei der Hitze im Monat August würden die Leute dann schnell auf dem heißen Asphalt zusammenbrechen.

Ich bin seinerzeit mit zwei Freunden gestartet. Kevin und Fernando. Beide ein paar Jahre jünger als ich. Dazu war ich gerade von einer längeren Reise aus Brasilien zurückgekommen und war dem Laufen fast völlig entwöhnt. Total untrainiert.

Ganze vier Tage hatte ich mich damals auf den Marsch vorbereiten können.

Aber ich war motiviert und fühlte mich fit.

Die ersten zehn Kilometer aus Palma heraus waren die Hölle.

Tausende, viele Tausende Menschen drängelten sich hier zusammen und die Luft zwischen den Häusern dampfte. Danach lichtete sich der Tross schnell.

Um es kurz zu machen: Wir drei Freunde haben uns unterwegs getrennt, weil wir keinen gemeinsamen Laufrhythmus fanden. Wir sind aber alle drei heil angekommen. Ich als letzter. Eine halbe Stunde länger als der Durchschnitt hatte ich gebraucht. Egal. Ich bin angekommen. Wiederholen werde ich es nicht.

Nun bin ich also wieder kurz vor Lluc. Diesmal komme ich aus einer anderen Richtung. Und meine körperliche Verfassung ist heute bestens.

Bald muss der Abstieg zum Kloster kommen.

Dort treffen wir dann wieder auf den GR-221. Kurz hinter der Urbanización Son Macip kommt der gut ausgeschilderte Wanderweg in Sicht. Er führt hier vom Berg Massanella und dem Galileu herunter, kreuzt die Landstraße, und geht direkt weiter nach Lluc.

Diese Route über die Berge wäre auch für uns eine mögliche Alternative gewesen.

Läuft man auf dem GR-221 weiter, dort, wo wir gestern unsere Mittagspause gemacht haben, kann man beim Prat des Cuber nach Norden abbiegen und zwischen der Serra des Teixos und dem Massanella hindurch, genauer durch den Comellar des Prat, am Galileu vorbei wandern und so die Landstraße vermeiden.

Diese anstrengende Strecke wollte ich meinem Vierbeiner aber nicht zumuten.

Beim Abstieg geht es über hunderte von Stufen, die in den Fels gehauen wurden.

In früheren Zeiten hat man im Sommer mit Maultieren von oben aus den Bergen Eis geholt.

Eis, welches man im Winter aus gepresstem Schnee gewonnen hatte.

Die tiefe Grube, in der der Schnee gelagert wurde und das restaurierte Schneehaus, dort wo die *Nevaters*, die Schneesammler hausten, kann man oben am GR-221 sehen. Ein hartes Brot muss es gewesen sein. Für Mensch und Tier.

Erst in beißender Kälte den Schnee sammeln und zu Eis pressen. Im Sommer dann bei drückender Hitze die delikate Fracht von oben holen und bis in die Dörfer oder nach Palma bringen.

Was hat man in früheren Zeiten nicht alles mit extremem körperlichem Einsatz gemacht, um ein paar Peseten zu verdienen? Um zu überleben.

Auf dem Wanderweg geht es jetzt immer schön bergab. Dazu noch im Schatten.

Einmal begegnen wir einem jungen Paar. Sie grüßen freundlich. Holländer.

Ich höre, wie die Frau sagt: „Een grote Ezel." Das zu verstehen, dazu reichen meine Holländisch-Kenntnisse gerade.

Ein dreimonatiger Arbeitsaufenthalt in der schönen Kleinstadt Medemblik und Dutzende von Reisen als Tourist und Liegezeiten mit Schiffen in den großen Häfen in den Niederlanden haben ihre fremdsprachlichen Spuren hinterlassen.

Man versteht sich.

Zwei, drei Minuten später kommt die Holländerin atemlos von oben angerannt.

Ich erschrecke fast. Was ist passiert?

In der Hand hält sie eine einzelne schwarze Sandale.

Die ist von mir. Das sehe ich sofort.

Your sandal. I found it on the ground.

Da habe ich armer Eselführer wieder einmal Glück gehabt. Woher wusste sie denn eigentlich, dass es meine Sandale war?

Ankunft im Kloster Lluc

Wir erreichen den Parkplatz vom Kloster Lluc. Es ist gerade halb zwölf.

Ich will mich mir heute ein Zimmer gönnen. Ein bisschen Komfort muss sein.

Zum Zelten habe ich keine Lust.

Die Zimmer in Lluc kenne ich von früheren Besuchen. Schön gemütlich und dazu preiswert. Passend für unser Reisebudget.

Für Paulo wird sich wohl auch ein Stellplatz finden lassen. Ich bin ganz zuversichtlich.

Erstmal kreuzen wir jetzt den großen Parkplatz oberhalb des Klosters.

Hier auf dem Parkplatz wurden wir armen Pilger seinerzeit bei dem Nachtmarathon von Palma mit Speiseeis empfangen. Man konnte essen so viel man wollte.

Welch' ein Verkehr und Menschenauflauf. Man merkt: Lluc ist Touristenmagnet.

Ich weiß nicht, ob viele Besucher aus religiösen Gründen den Weg hierher finden oder ob es nur Neugierde ist.

Wahrscheinlich eher letzteres.

Bei den Menschenmassen und den vielen Autos und Reisebussen wird mein Packkollege leicht unruhig. Kein Wunder nach den Tagen in den Bergen mit viel Ruhe und wenigen Menschen. Auch ich spüre eine leichte Unruhe. Es hilft nichts. Da müssen wir durch. Unser Besuch in Lluc ist so etwas wie ein Highlight der ganzen Tour.

Wir laufen zielstrebig zur Rezeption. Die liegt am Haupteingang des zentralen Gebäudes. Paulo will ich aber vorher irgendwo anbinden.

Ein Laternenpfahl etwa hundert Meter vor dem Hauptportal erscheint mir der beste Platz. Hier rennen nicht ganz so viele Leute umher. Das galt aber nur, bis Paulo dort noch nicht angebunden stand.

Kaum lasse ich ihn alleine, stürmen die Hobbyfotografen auf ihn los.

Was kann ich machen? Er muss einen Moment auf sich selber aufpassen.

An der Rezeption treffe ich auf Maria, eine jüngere Mallorquinerin.

Ja, Zimmer sind genug frei. Nur noch nicht sauber gemacht. Eine Stunde müsste ich noch warten. Wir könnten aber schon die Formalitäten erledigen.

Dann erwähne ich meinen Compagnon. Ich sage ihr mit einfachen Worten, ich hätte einen Esel dabei und der müsste auch irgendwo untergebracht werden.

Wo der denn wäre? Im Rucksack versteckt? Sie lacht. Ich auch.

Komm´ mit nach draußen, sage ich zu ihr und ich zeige dir meinen Esel.

Flink kommt sie hinter dem Empfangstresen heraus und wir gehen auf die Treppe vor dem Eingang.

Paulo ist kaum zu erkennen. Ein Pulk Menschen umringt ihn.

Nur der große Kopf mit den langen Ohren sticht heraus.

Maria lacht. Ich kann's nicht glauben, sagt sie. Ein echter Esel.

Wo sollen wir denn mit dem hin? Ja, das ist jetzt die Frage. Sie schüttelt den Kopf.

Für Tiere haben wir keinen Platz im Kloster.

Ich leiste Überzeugungsarbeit: Maria, vor hundert Jahren sind die Pilger hier mit Pferden, Eseln und Maultieren hergekommen. Und die mussten irgendwo untergebracht und verpflegt werden. Das muss doch heute auch noch gehen. Bei der riesigen Anlage.

In dem Moment tritt mit forschem Schritt ein Mann auf uns zu.

Maria spricht ihn gleich an. Ein Mitarbeiter vom Kloster. Andrés heißt er.

Ach, das ist dein Esel, fragt er mich jetzt. Der ist umringt von Fotografen. Hab´ mich schon gewundert, wie der da hingekommen ist.

Maria erklärt ihm das Dilemma. Andrés überlegt und sein Blick geht zwischen Paulo und mir hin und her. Dieser Blick, bei dem ich immer nicht weiß, ist mein Aufzug, meine sonnenverblichene Kleidung verdächtig oder ist es die seltene Kombination des Wanderers mit einem Esel.

Treffen wir irgendwo ein, haben die Leute im ersten Moment immer diesen abschätzenden, prüfenden Blick, der zwischen Paulo und mir hin und her geht.

Ist diese erste Prüfung überstanden, öffnen sich alle Türen.

Ich hab´ eine Idee, sagt der Mann plötzlich und rennt weg.

Nach zwei Minuten ist er wieder zurück. Mit einem anderen Mann im Schlepptau.

Mein Chef, sagt Andrés ohne weitere Erklärung.

Ja, sie haben sich was ausgedacht. Paulo kann bleiben.

Es gäbe ein großes, sogar eingezäuntes Grundstück mit etlichen Bäumen drauf und dort könnte Paulo bleiben. Allerdings gebe es dort keine Wassertränke, aber ein Hahn ist in der Nähe.

Komm, wir holen ihn. Andrés und ich gehen die Treppen hinunter. Um an Paulo heranzukommen, muss ich mir schier den Weg durch die Menge bahnen.

Dann kommt wieder Paulos eseliger Dickkopf durch: Keine drei Meter von seinem Anbindeplatz ist der Boden mit anderen Fliesen belegt. Ein etwas anderes Muster und eine andere Farbe der Bodenplatten. Da will er partout nicht drauftreten. Stocksteif bleibt er stehen. Meinen Stock will ich bei den vielen Menschen nicht schwingen. Könnte man falsch interpretieren. Tierquälerei oder ähnliches.

Womöglich schlägt dann noch einer auf mich mit dem Stock ein.

Ich erkläre Andrés schnell das Problem mit den Steinplatten.

Ok. Macht nichts, sein Kommentar dazu. So sind die Esel eben.

Dann läufst du mit ihm außen herum. Ich warte am Tor zum Grundstück auf dich.

Er erklärt mir mit kurzen Worten, wo wir uns treffen müssten.

Er geht los. Wir auch. Nur in die andere Richtung.

Kaum sind wir etwas aus dem Touristentrubel heraus, fällt ein Teil der Ladung von Paulos Rücken. Da hatte ich wieder das Nachspannen vergessen. Nun liegen das Zelt, der Sack mit der Hängematte, Wassernapf und sein Futtertrog auf dem Boden.

Um keine Zeit zu verlieren, verstecke ich die Sachen unter Baumaterial, das zufällig direkt an der Stelle lagert. Später werde ich alles abholen.

Bloß jetzt Andrés nicht warten lassen.

Es geht weiter. Nicht lange. Als wir die Ausfahrt vom Parkplatz kreuzen wollen, bremst Paulo wieder schlagartig ab.

Ein breites Metallgitter ist hier im Boden eingelassen. Das Thema hatten wir schon einmal zu Anfang der Reise. Dieses Gitter ist aber richtig breit. Er weigert sich mit aller Gewalt, dort hinüber zu gehen.

Ich frage zwei, drei Touristen die hier gerade vorbeilaufen, ob sie sich hinter den Esel stellen und ein paar Mal in die Hände klatschen könnten. Keiner traut sich.

Fotografieren wollen sie alle, klatschen will keiner.

Da kommt Andrés schon angelaufen. Wo bleibt ihr denn?

Ich zeige ihm das neue Problem. In diesem Moment sehe ich neben der Durchfahrt hinter einer kleinen Mauer einen Fußweg. Ohne Gitter im Boden.

Etwas schmal, aber es muss gehen. Dort müssen wir hin und durch.

Ich ziehe Paulo zum Fußweg hin, Andrés läuft hinter ihm und klatscht kräftig in die Hände. Dazu schreit er laut in Mallorquin: *Endavant, endavant, després menjaras.* Vorwärts, vorwärts, nachher gibt's was zu fressen. Die Packtaschen schrammen an der Mauer. Aber Schäden gibt es auf jeder Reise. In zehn Sekunden sind wir durch.

Die Klosterbesucher haben wieder ihr Spektakel und die Kameras klicken.

In ein paar Minuten erreichen wir das bewaldete Grundstück, wo Paulo bleiben kann.

Perfekt für ihn. Bestimmt zweitausend Quadratmeter groß. Mit viel Baumbestand.

Dazu ausreichend Bodenvegetation für einen ewig hungrigen Esel.

Welch' ein Glück haben wir.

Ich bedanke mich nochmals bei Andrés und der läuft eilig davon.

Jetzt befreie ich Paulo von seiner Ladung. Für heute ist das Wandern vorbei.

In die „Kloster-Zelle" will ich nur das absolut Nötigste für mich mitnehmen.

Ich sortiere aus und verstecke unsere Ausrüstung so gut es geht unter den Bäumen.

Jetzt muss ich den Wasserhahn finden. Paulo braucht etwas zu trinken.

Eine gründliche Fellreinigung mit der Bürste hätte er auch nötig.

Die Arbeit als Eselführer nimmt kein Ende.

Als ich mit allem durch bin, denke ich an mich. Jetzt ein kaltes Shandy wäre nicht schlecht. Besser eigentlich gleich ein Bier.

Ich setze mich vor eines der Lokale am Platz vor dem Kloster und sehe dem Treiben der Menge zu. Ein Tourist unter vielen anderen.

Nach dieser absolut nötigen Erfrischung gehe ich mit meinem kleinen Rucksack über der Schulter zur Rezeption.

Und? Alles gut? Fragt mich die nette Maria. Perfecto! Kann ich nur wiederholen.

Ich bezahle die Übernachtung und Maria gibt mir meinen Zimmerschlüssel.

Später sehe ich, dass sie mir vier Euro „Rabatt" gegeben hat. War es wegen meines etwas abgerissenen Aussehens als wandernder Eseltreiber, der nur über eine schmale Reisekasse verfügt, oder war es eine kleine Nettigkeit von Maria?

Ich hoffe letzteres.

Gleich nach der Zimmerbelegung gehe ich unter die Dusche. Seit Sonntagmorgen bei mir zu Hause habe ich nicht mehr richtig geduscht. Und das bei der Hitze und dem ständigen Aufenthalt unter freiem Himmel. Ich rieche wahrscheinlich schon genauso wie Paulo.

Ganz gelegentlich schütte ich mir unterwegs einen fünf Liter Kanister Wasser über den Kopf. Das muss reichen. Sauber wird man davon nicht. Katzenwäsche hätte meine Mutter früher dazu gesagt.

Die mallorquinische Inselregierung predigt im Sommer immer das Wassersparen. Paulo und ich praktizieren es auf unsere Art..

Jetzt ist der Moment für ein richtig gutes Mittagessen gekommen.

Frisch geduscht und mit sauberer Kleidung. Mit Sitzen am Tisch und nicht auf einem Felsblock im Wald, den Teller auf den Knien balancierend.

Ich wähle das Restaurant „Ca s´Amitger". Cocina mallorquina steht draußen dran.

Das müssen sie ja können, denke ich mir so. Mitten drin im mallorquinischen Gebirge, da wollen wir keine internationale Küche. Nur lokale Kost!

Ich bestelle „Conill amb salsa de ví negre". Kaninchen mit Rotweinsoße.

Die Wartezeit überbrücke ich mit kaltem Bier. Ich fühle mich noch immer wie ausgetrocknet, trotz des vielen Wassertrinkens.

Mein Teller kommt ziemlich schnell. Ich hatte schon Befürchtungen, dass das Kaninchen vielleicht noch erst gejagt und geschlachtet werden müsste.

Nach meiner Erfahrung heute Morgen im Restaurant „Escorca" mit dem Orangensaft. Aber hier im „Ca s´Amitger" sind sie schneller. Hier geht es professionell ab.

Die Beilagen sind auch gut mallorquinisch. Pommes frites mit ganz viel buntem Salat.

Als Nachtisch dann wieder ein typisches Inselprodukt. Gató de almendras mit Eis. Auch das Eis mit Mandelgeschmack. Beides richtig gut.

Jetzt aber ab in die Koje. Endlich einmal eine Siesta, ohne immer ein Auge auf Paulo haben zu müssen. Keine Kleintiere, die in die Shorts kriechen. Keine Schattensuche unter einer Pinie. Einfach nur einmal zwei Stunden in Ruhe schlafen.

Der ausgiebige Mittagsschlaf war gut. Wie es sich der müde Wanderer vorstellt.

Jetzt eine schöne Tasse Kaffee. Und vielleicht etwas Süßes dazu.

Mein erster Gang aber geht zu Paulo. Eine Kontrolle, ob es ihm gutgeht.

Es geht ihm gut. Er grast friedlich unter den Bäumen und bemerkt mein Kommen nicht einmal. Ich rufe ihn auch nicht und gehe wieder zum Kloster zurück.

Das Café „Sa Plaça" wähle ich für einen Nachmittagskaffee aus. Vor dem Café auf der Terrasse kann ich das Treiben auf der *Plaça dels Peregrins*, dem Platz der Pilger beobachten.

Nach einer Stunde Schauen und Ausruhen gehe ich zur Rezeption hinüber, um Maria um einen Stempel in meinem Buch zu bitten.

Sie freut sich über meinen Besuch und drückt mir den Stempel ins Buch. „Santuari de Lluc, Hostatgeria", mit drei gezeichneten Bergprofilen da drüber. Das Klosterlogo.

Dazu schreibt sie noch: *"Li desitgem un bon viatje"*. („Wir wünschen eine gute Reise"). Was brauchen wir mehr....

Danach besuche ich den kleinen Laden mit Souvenirs, Büchern, Kleidung und anderen „Pilgerartikeln". Hier kaufe ich wieder cintas. Die bunten Bänder, wie ich sie auch schon in Trinitat gekauft hatte. So habe ich ein paar zum Verschenken für unterwegs an nette und hilfsbereite Leute. Ist doch schon etwas Besonderes.

Eine cinta die auf Eselsrücken aus Lluc zum Empfänger gebracht wird.

Heute am Spätnachmittag will Loli kommen. Sie ist wieder in Logistikmission für uns unterwegs.

Ich hatte sie um saubere Wäsche und Mais für Paulo gebeten. Das sollte sie aus meinem Haus holen und zu uns bringen. Am liebsten würde sie nach Lluc kommen, hatte sie mir am Telefon gesagt. Und so treffen wir uns heute hier.

Ihre Freundin Ursula ist auch wieder mit dabei. Loli hat ein paar Dosen kaltes Bier mitgebracht. Wie immer denkt sie an alles.

Wir machen noch einen kleinen Rundgang durch das Kloster und gehen auch in die Kirche, wo die *Virgen de Lluc* aufgestellt ist.

Danach besuchen wir Paulo. Der bekommt auch gleich seine Abendration Körner und Wasser.

Dann verabschieden die beiden sich.

Ich bin wieder alleine. Paulo braucht mich auch nicht mehr. Heute hat der Eselführer einmal Ruhe.

Das Abendessen suche ich mir aus meinen Reiseproviantbeständen zusammen.

Heute nochmals im Restaurant zu essen, würde das Reisebudget zu sehr strapazieren.

Brot mit Käse und Fisch aus der Dose muss heute Abend genügen.

Früh schon lege ich mich in meine Klosterkoje. Ich muss es ausnutzen, in einem richtigen Bett zu schlafen. Wer weiß, wo ich morgen liege.

Lluc nach Pollença

Wieder bin ich früh wach. Heute ist Mittwoch, der 19. Juni.

Nach dem Aufstehen genieße ich als Allererstes eine gründliche morgendliche Körperpflege.

Die blieb die letzten Tage zumeist auf der Strecke. Hier muss ich es ausnutzen.

Mein erster Gang vor dem Frühstück geht direkt zu Paulo. Er ist am Grasen.

Als ich ihn rufe, kommt er sofort zum Tor. Fast im Trab. Aus unseren Beständen suche ich den Mais und gebe ihm eine reichliche Portion. Dazu fülle ich die Wasserschüssel voll.

Jetzt kann er in Ruhe fressen, und ich kehre zum Kloster zurück und kann an mein Frühstück denken.

Ich gehe wieder ins „Café sa Plaça". Ein riesiges Käsebrot mit Tomaten, ein Croissant und zwei Café con leche sind mein Start in den Arbeitstag. Ein Käsebrot lasse ich mir noch gleich zum Mitnehmen fertig machen. Man muss an alles denken.

So gestärkt laufe ich schnell hoch in meine Klosterkammer.

In kürzester Zeit habe ich meinen kleinen Rucksack gepackt und verlasse das schöne Zimmer. Ich gebe die Schlüssel an der Rezeption ab und verabschiede mich.

Maria treffe ich nicht an. Sie hat heute einen freien Tag.

Von Andrés hätte ich mich auch gerne verabschiedet und für die Unterbringung von Paulo bedankt. Leider ist er unauffindbar. Ein junger Mann in Bauarbeiterkleidung, den ich frage, verspricht mir, meinen Dank an Andrés weiter zugeben.

Sag´ ihm von dem mit dem Esel.

Ja, ja, alles klar. So viele mit Esel gibt er hier ja nicht. Ich werd's ihm ausrichten.

So verlassen wir das schöne Kloster Lluc. Der Aufenthalt hier war einfach gut!

Wir laufen die ersten zwanzig Minuten einen Wanderweg hoch, der gleich hinter dem Kloster beginnt. Auf ihm erreichen wir die MA-10, auf der wir aber nur ein paar Minuten unterwegs sind, um dann beim Kilometerstein 17,4 auf die Abzweigung nach Menut zu treffen.

Den GR-221, der gleich hinter Lluc beginnt und über das Refugio Son Amer führt, hatte ich bewusst nicht gewählt für die erste Etappe am heutigen Tag.

Der Weg geht die ersten paar hundert Meter ziemlich steil hoch. Das will ich uns nicht unbedingt zumuten. Meinem Paulo mit der Last nicht und mir nicht, weil ich morgens immer so meine Anlaufschwierigkeiten habe. Sind die Knochen noch nicht warm, will ich keine Steigungen bezwingen müssen.

Später am Tage, wenn ich warmgelaufen bin, ist es mir dann egal.

Daher hatte ich diese bequemere und kürzere Alternativroute gewählt.

Wir biegen auf den asphaltierten Waldweg zur Finca Menut ein.

Spektakuläre Felsformationen liegen rechts und links vom Weg. Manche sehen aus wie geformt vom Steinmetz.

Dazwischen überall Steineichen. Nur wenige andere Bäume wachsen hier.

Schon nach ein paar Minuten erreichen wir die ausgedehnte Anlage. Es Menut ist so etwas wie eine staatliche Samenbank und Forstschule für einheimische Pflanzen.

Rechts von uns, aber durch den dichten Baumbestand kaum zu erkennen, der Berg Moleta de Binifaldó.

Um halb elf erreichen wir die Finca Binifaldó. Diese wird für Schulungen im Bereich Umwelt- und Naturschutz genutzt. Man kann dort auch übernachten.

Ich persönlich kenne die Anlage allerdings nicht. Bin nie drin gewesen.

Binifaldó bleibt jetzt rechts von uns liegen. Wir treffen hier auch wieder auf den GR-221, der bis hierher östlich der Moleta de Binifaldó verläuft.

Hinter der Finca, wenn man diese links liegen lässt, geht es zum Berg Tomir.

Der letzte 1000-Meter-plus-Berg der Serra. Vor Jahren bin ich dort einmal mit Freunden hochgeklettert.

Der Wald lichtet sich langsam und wir treffen auf bestellte Felder.

Häufiger müssen wir Tore passieren. Diese sind aber so breit, dass zwei Paulos nebeneinander durchgehen könnten.

Der Weg, auf dem wir laufen, ist die alte Straße nach Pollença. Die Carretera vella de Lluc a Pollença.

Es ist ein schönes Laufen hier. Einsam und ruhig.

Ganz gelegentlich nur begegnet oder überholt uns ein Radfahrer oder ein Wanderer.

Irgendwann verlassen wir den GR-221 und biegen nach links auf einen Feldweg ein. Der GR-221 ist auf dieser Strecke an manchen Stellen ziemlich steil. Das ist nichts für Paulo, wenn es bergab geht.

So wähle ich diesen Feldweg, der ein kleiner Umweg aber wesentlich bequemer ist.

In einer Vielzahl von Windungen und Kurven geht es langsam, aber stetig bergab.

Der Vormittag vergeht und gegen zwölf Uhr erreichen wir bei Clotal die ersten Häuser von Pollença.

Die Sonne meint es wieder gut mit uns. Es ist heiß.

Eine Pause ist nötig. Für Mensch und Tier. Wir laufen aber mangels geeigneter Plätze noch ein ganzes Stück weiter, um dann direkt neben dem Flussbett des Torrent de Muntanya zu lagern.

Es wird auch höchste Zeit für eine Pause.

Mein Wanderfreund wird schon nörgelig. Das macht sich an seinen häufigen und ganz plötzlichen Bremsungen bemerkbar. Und ich muss ihn dann jedes Mal mit Worten und Ziehen am Führstrick zum Weitergehen animieren.

Wir müssen uns also unbedingt ausruhen.

Hier im Schatten der großen Laubbäume am trockenen Flussbett lagern wir fast eineinhalb Stunden.

Niemand belästigt uns. Richtig friedlich der Platz.

Um kurz vor drei Uhr geht es weiter. Bis Pollença ist es noch ein Stück und wer weiß, wie wir dort aufgenommen werden. Was für einen Nachtlagerplatz wir dort finden.

Ich hoffe, man nimmt uns im Refugio Pont Romà auf.

Der Weg zieht sich. Einzelne Wohnhäuser und kleine Fincas wechseln sich mit Feldern und Gärten ab.

Kurz vor Pollença kommt uns eine kleinere Gruppe von Leuten entgegen.

Keine Wanderer, sondern Ortsansässige, die spazieren gehen.

Sie sprechen mich an wegen Paulo. Das nutze ich gleich, um möglicherweise einen Hinweis oder Tipp für ein Nachtlager zu bekommen.

Weiterhelfen tun mir ihre Auskünfte leider nicht. Sie sehen es als schwirig an, für uns beide ein Quartier zu finden. Wobei die eigentliche Schwierigkeit mein Vierbeiner ist.

Im Refugio Pont Romà würden sie wohl keine Tiere erlauben.

Na, wir werden sehen.

Ich merke schon, wie wir müde werden. Sechseinhalb Stunden sind wir insgesamt unterwegs. Gelagert und ausgeruht haben wir uns keine zwei Stunden.

Es wird höchste Zeit, ein Übernachtungslager zu finden.

Um fünf Uhr erreichen wir endlich das Refugio Pont Romà.

Der Empfang ist überwältigend!

Im Nu sind meine Sorgen wegen eines Nachtlagers verdampft.

Yvonne und Biel nehmen uns auf, als ob wir uns seit fünfzig Jahren kennten.

Die beiden haben vor kurzem erst das Refugio als Pächter übernommen.

Wir können bleiben.

Paulo wird kurzerhand im Patio an einen Baum angebunden.

Ich bekomme meine Koje in einem der schönen Zimmer. In dieser Nacht bleibt es mein Zimmer. Kein anderer Gast wird bei mir einquartiert.

Das mit Paulo im Patio ist nicht ideal. Aber manchmal muss man sich mit dem, was man angeboten bekommt, zufriedengeben. Wir hatten keine Wahl.

Er hat die Nacht auch überstanden. Für die beiden anderen Gäste in der Herberge war er das Highlight.

Da glühte das Facebook wieder.

Nach einer kurzen Verschnaufpause und ein bisschen Plauschen im Patio mit Yvonne rufe ich Magdalena an. Sie und ihr Mann Santiago sind morgen meine Gastgeber.

In ihrem schönen Haus in erster Linie am Strand in Port de Pollença.

Wir kennen uns noch nicht persönlich. Ein alter Bekannter aus Palma, Pep Mas vom Yachtausrüsterladen „Tuent", hat den Kontakt hergestellt.

Magdalena gehört zu einer alteingesessenen Juweliers-Dynastie aus Pollença.

Sie ist gerade in der Nähe in einem der Geschäfte und will gleich herüberkommen. Wir wollen besprechen, wie es morgen mit dem Treffen und der Unterbringung von Paulo gehen soll.

Kurze Zeit später betritt sie das Refugio. Eine attraktive Frau mittleren Alters.

Biel, der Herbergsvater, kennt sie. Auch er ist gebürtig aus Pollença. Und so kennt man sich eben.

Magdalena erklärt mir schnell, wo das Haus ungefähr steht, und dass ich, wenn ich dort und dort vorbeilaufe, sie anrufen soll. Santiago wird uns dann entgegenkommen.

Sie verabschiedet sich, Geschäftsfrauen haben es leider immer eilig.

Aber das morgige Übernachtungsquartier ist gesichert. Eine Sorge weniger.

Ich unterhalte mich lange mit Biel, dem Herbergsvater. Auch er und seine Familie haben immer Esel gehabt. Zurzeit ist der Stall aber leer. Biel hat zu viel Arbeit und somit keine Zeit. Sein Vater ist zu alt, um Tiere zu pflegen.

Biels Vater kommt aber noch am selben Abend, um sich Paulo anzusehen. Besser: Um ihn zu begutachten.

Paulo besteht die Inspektion mit Bravour. Que ase mès gros. Que animal mès guapo. (Was für ein großer Esel! Was für ein schönes Tier!)

Es ist wie immer, wenn ich mit Paulo auf ältere Mallorquiner treffe, die mit Eseln und Maultieren aufgewachsen sind. Oder womöglich selbst noch damit gearbeitet haben. Sie sehen in Paulo den perfekten mallorquinischen Esel.

Bei seiner Größe und den ausgewogenen Proportionen seines Körpers ist er ein Vorzeigeexemplar seiner Rasse.

Wie es der Zufall will: Biels Vater war früher Wärter im Leuchtturm von Kap Formentor. Er erzählt noch ein paar Anekdoten zum Leben am Kap.

Den Materialtransport von Pollença aus machte man zu seiner Zeit, wenn nicht mit einem Boot, mit Maultieren.

Auch er ist angetan von unserer Unternehmung. *Bon camí*, wünscht er und wir verabschieden uns herzlich. Die kleinen, netten Begegnungen der menschlichen Art am Wegesrand.

Ohne Paulo wären sie in dieser Form nicht möglich. Der Esel fungiert als Herzensöffner.

Und über das Thema Esel ergeben sich oft noch interessante

persönliche Gespräche.

Das sind auch diese speziellen Momente, in denen ich mich mit meiner Wahlheimat Mallorca ganz eng verbunden fühle.

Das Refugio verlasse ich an dem Abend nicht mehr. Füße vertreten ist nicht nötig.

Zwei Bier zum Abendessen und noch ein bisschen reden im Patio mit den beiden anderen Gästen und ich gehe ins Bett.

Der Tag war wieder einmal lang und ereignisreich.

Besser als mit dem Refugio Pont Romà hätten wir es nicht treffen können.

Pollença nach Port de Pollença

Nach der ruhigen Nacht in meinem Herbergszimmer ist Eile heute nicht nötig.

Wir wissen, wo wir in Port de Pollença untergebracht werden. Die Strecke dahin ist nur ein paar Kilometer lang. Nichts, was mich belastet.

Erstmal ist wieder mein Wanderfreund dran. Er steht etwas unruhig an seinem Baum. Die Kotmenge um ihn herum ist beachtlich.

Vor dem Frühstück muss ich den Patio unbedingt reinigen. Ich brauche wohl eine halbe Stunde, um den Patioboden sauber zu bekommen.

Auf der Rückwanderung vom Kap Formentor kann Paulo auf keinen Fall wieder hier die Nacht verbringen. Das beschließe ich in dem Moment.

Ich werde Biel nach einem Reitstall oder einem kleinen Bauernhof in der Nähe fragen.

Paulo bekommt seinen geschroteten Mais. Wasser hatte er die ganze Nacht in einem Eimer, festgebunden am Baum, zur Verfügung.

Mein Frühstück bereitet mir Biel. Mit allem, was dazugehört. Ein richtiger Luxus für mich. Auch beim Frühstücken lasse ich mir Zeit.

Ich bitte Biel noch um einen Stempel und ein paar Worte in meinem Büchlein.

Einen Stempel gibt es nicht, aber eine ganze Seite beschrieben in Mallorquin.

Mit äußerst netten und lieben Worten. Fast Poesie.

Kurz nach halb elf geht's los. Biel begleitet uns noch ein Stück bis zur Brücke über den Torrent des Vall d´en Marc. Der Brücke Pont Romà, eines der Wahrzeichen von Pollença wenn nicht sogar von Mallorca.

Es gibt eine antike Postkarte aus dem Archiv Bestard mit einer Frau in traditioneller Tracht und einem Esel auf der Brücke.

So ein Foto möchte ich auch. Mit Paulo auf der Brücke stehend.

Biel soll das Foto mit meiner Kamera machen. Die Frau mit dem Esel auf der Postkarte ist seine Großmutter, erzählt er mir noch.

Nach der Fotosession verabschieden wir uns und Paulo und ich laufen Richtung Nord-Osten nach Port de Pollença.

Mit Biel habe ich mich für nächste Woche verabredet. Auf dem Rückweg will ich wieder bei ihm im Refugio übernachten. Für Paulo wird sich was anderes finden lassen. Eselgerechter. So eine Nacht im Patio am Baum möchte ich ihm nicht noch einmal zumuten.

Jetzt quälen wir uns durch den Autoverkehr aus Pollença heraus. Einen großen, stark befahrenen Kreisverkehr müssen wir umschiffen.

An Supermärkten, Autowerkstätten und Tankstellen geht es vorbei. Nach endlos langen zwanzig oder dreißig Minuten erreichen wir endlich den gut ausgebauten Fußweg parallel zur Landstraße nach Port de Pollença.

Hier ist richtig was los. Ein Auto nach dem anderen brettert in wenigen Metern Abstand an uns vorbei.

So geht es über anderthalb Stunden.

Einmal müssen wir an einer ausgedehnten Weide mit Pferden vorbei. Die Pferde galoppieren wie verrückt im Kreis, als sie Paulo sehen.

Diese Erfahrung mache ich häufiger. Pferde haben oft Angst vor Eseln.

Zumindest vor Paulo. Was mag es sein, das ihnen Angst einjagt? Sein vielleicht anderer Geruch? Sein Aussehen kann es kaum sein.

Er hat fast die Größe eines Pferdes. Gehört zur Spezies der Equiden.

Paulo selbst hat keine Berührungsängste mit Pferden. Er hat einmal vier Monate in einem Pferdestall als einziger Esel gelebt. Aber auch in dem Stall gab es Pferde, die den Kontakt mit ihm mieden. Obwohl sie ihn jeden Tag sahen. Andere Pferde wiederum spielten mit ihm und wurden seine Freunde.

Bei einem Restaurant kurz vor Port de Pollença rufe ich Magdalena an. So war es abgemacht. Jetzt wissen sie: Wir sind im Anflug.

Ziemlich genau um zwölf Uhr erreichen wir bei glühender Sonne einen Kreisverkehr am Außengürtel von Port de Pollença.

Kurz dahinter sehe ich einen Mann winken. Paulo und mich kann man nicht übersehen.

Da ich Santiago vorher noch nie gesehen hatte, war das gezielte Winken in unsere Richtung für mich das Zeichen, dass er unser Gastgeber sein müsste.

Und so ist es auch.

Ganz wie ein spanischer Caballero, kommt er uns lächelnd entgegen.

Santiago ist um die siebzig Jahre alt, aber topfit. Als pensionierter Zahnarzt aus der Kleinstadt Inca lebt er seit vielen Jahren mit seiner Frau Magdalena direkt an der Strandpromenade in Port de Pollença.

In wenigen Minuten erreichen wir das schöne Haus von der Rückseite her.

Zwei Tage wollen wir hier ausruhen bei Magdalena und Santiago.

Leider vertragen sich schöne Strandvillas, bewacht von großen Hunden, nicht mit Eseln auf der Durchreise.

Schon am nächsten Mittag wandern wir weiter. Es ging nicht anders.

Santiago hatte extra Stroh und Alfalfa für Paulo gekauft, damit er sich wohlfühlte.

Die beiden Hunde waren leider strikt gegen Esel. Sie unternahmen alles, dass Paulo sich nicht wohlfühlte.

Ich selbst wurde von meinen beiden Gastgebern betreut, wie es in keinem Hotel hätte besser sein können. Ich habe es genossen.

Port de Pollença zur Halbinsel Formentor

Am nächsten Mittag, es ist Freitag, der 21. Juni, verlassen wir Port de Pollença bei glühender Hitze. Vorher hatte ich noch einen schnellen Großeinkauf gemacht.

Magdalena begleitet uns noch ein kleines Stück aus dem Ort heraus.

Nach anderthalb Stunden, die nicht enden wollten, erreichen wir den Kiosk am Aussichtplatz Coll de la Creueta, den ersten Stopp aller Touristen auf der Halbinsel von Formentor. Der Blick von hier ist aber auch einmalig.

Wer hier nicht anhält und von den hohen Felsen auf das Mittelmeer guckt, der hat etwas verpasst.

Ich bin völlig ausgetrocknet, als wir den Parkplatz erreichen. Trotz der Wassertrinkerei unterwegs.

Wandern auf einer baumlosen Landstraße um die Mittagszeit sollte man einfach nicht machen.

Am Kiosk kaufe ich mir einen kalten ICEtea. Nach dem Preis zu urteilen, müsste eigentlich bester Champagne in der Dose sein.

Die junge Frau vom Kiosk möchte gerne Paulo streicheln.

Kann sie, sage ich ihr. Das tut sie dann auch gekonnt und mit Ausdauer. Kunden hat sie gerade keine. Sie kann sich voll auf Paulo konzentrieren.

Leider bekomme ich von der nordafrikanischen Schönheit mal wieder keine Streicheleinheiten. Immer ist Paulo der Glückliche.

Wir machen die obligatorischen Fotos.

Beim Abschied schenkt sie mir, Judith heißt sie, wie ich inzwischen weiß, noch eine kleine Flasche Wasser. Na, immerhin...

Wir nehmen wieder Fahrt auf.

Ab jetzt befinden wir uns auf der Halbinsel von Formentor. Fast zwanzig Kilometer weit streckt sie sich nach Nord-Osten aus wie ein leicht gekrümmter Finger.

Links das offene Mittelmeer und rechts die Bucht von Pollença .

Es geht bequem bergab auf der MA-2210. Leider ist ein Verkehr wie in Hamburg beim Hafengeburtstag.

Der Fahrer eines kleinen Lastwagens schaltet direkt neben uns in einen niedrigeren Gang. Der aufheulende Motor beim Einkuppeln erschreckt Paulo. Mich auch.

Mein Wanderfreund macht einen Satz zur Seite und reißt mich fast um. Dass ich nicht ganz umfalle, habe ich der Felswand zu unserer Rechten zu verdanken.

Es wird Zeit, ein Nachtlager zu suchen. Trotz des leichten Bergablaufens bin ich mit meiner Energie am Ende. Ich fixiere meine Gedanken auf ein kaltes Getränk.

Das hilft und animiert mich ein bisschen.

Paulo muss ich häufiger am Überholen hindern.

Auf abschüssigen Straßen kommt er oft ins Rennen. Dann will er auch gleich das Kommando übernehmen und wird dabei noch schneller.

Der Führer bin aber ich, und der läuft vorneweg. So war's abgemacht...

Nach einer halben Stunde biegen wir von der Landstraße nach rechts auf einen Waldweg ab. Hier geht's noch steiler bergab. Camí Albercruitx lese ich auf einem hölzernen Schild.

Nach zehn Minuten schon erreichen wir ein einzelnes Haus das zwischen Pinienwald und Landstraße etwas erhöht steht.

Hier will ich wegen einer Lagermöglichkeit fragen. Beim Haus arbeiten zwei Männer. Einer mit Motorsäge und ein anderer schiebt eine Karre.

Der Motorsägemann stellt sein Lärminstrument sofort ab, als er uns sieht. Paulo hat keine Probleme mit Motorsägen, aber ich kann jetzt besser mit dem Mann reden.

Die beiden sind nur zum Arbeiten hier und hören in ungefähr einer Stunde auf.

Dann verschließen sie Haus und Grundstück. Aber ich könnte doch direkt an der Gartenmauer mein Lager aufschlagen, meint der Mann.

Direkt an der hohen Gartenmauer ist O.K.. Von der Landstraße nicht einsehbar.

Aber auf dem privaten Grundstück wäre natürlich besser. Das Campingverbot auf Mallorca geht mir wieder durch den Kopf. Egal.

Was bleibt uns?

Ich beginne mit dem Abladen. Schaue gleichzeitig, wo ich Paulo anbinden kann und wo zwei Bäume im richtigen Abstand zum Aufhängen der Hängematte stehen.

Paulo kommt vorerst zehn Meter weiter an einen kleinen Nadelbaum. Später verlege ich ihn noch. Jetzt trinke ich erst einmal ein Bier. Es ist sogar noch kalt.

Mit der Sägerei geht es ohne Unterbrechung weiter. So ein schöner Platz hier und so viel Lärm.

Nach einer Stunde kehrt endlich Ruhe ein. Die beiden Männer verabschieden sich und ich bin mit meinem Paulo alleine.

Ich esse jetzt die verschiedenen Köstlichkeiten, die ich heute Morgen bei meinem schnellen Einkauf in Port de Pollença ohne viel hinzusehen eingepackt hatte.

Richtig gut ausgewählt hatte ich. Und die gemischten Mayonaisesalate noch kalt. Knusprige Cracker und Salzstangen dazu. Was braucht der Eseltreiber mehr?

Ich binde Paulo an einen anderen Baum. Die Vegetation um seine kleine Pinie hatte er schon verspeist. Heute steht ihm wieder eine Nacht in Anbindehaltung bevor. Es lässt sich nicht ändern. Vertrauen, Herdentrieb und Freundschaft ist gut. Anbinden über Nacht ist sicherer...

Gar nicht weit von uns entfernt befindet sich das bekannte Hotel Formentor.

Eine traditionelle Edelherberge der Insel. Viele Berühmtheiten haben hier schon genächtigt oder sich auch länger aufgehalten.

Winston Churchill und das frühere Fürstenpaar von Monaco, fallen mir ein.

Helmut Schmidt soll auch einmal da gewesen sein.

Eine bedeutende Persönlichkeit, die eng mit Formentor verbunden war, ist der einheimische Schriftsteller und Poet Miquel Costa i Llobera.

Er war gebürtig aus Pollença. Alter Landadel.

Seiner Familie gehörte die Possessió Formentor, also die gesamte Halbinsel.

Er selbst war Pfarrer und starb 1922 im Alter von 68 Jahren auf der Kanzel während einer Predigt in Palma.

Welch´ ein Tod. Vom Schlag getroffen vor der versammelten Gemeinde.

In Pollença kann man das ehemalige Wohnhaus der Familie, die „Casa museu Can Llobera", besichtigen.

Leider habe ich es bis zum heutigen Tage noch nicht geschafft, das Haus zu besuchen.

Eines seiner bekanntesten Gedichte ist „El Pì de Formentor". „Die Kiefer von Formentor". *Mon cor estima un abre!*

Mes vell que l´Olivera... So beginnt das Gedicht.

Der lange auf Mallorca lebende und 1959 in Pollença verstorbene katalanische Maler Anglada Camarasa hat zu dem Gedicht ein ganz beeindruckendes Gemälde geschaffen. Lange Zeit hing es im Museum Es Baluard in Palma. Bei meinem letzten Besuch, ein paar Wochen vor den Abschlussarbeiten zu diesem Buch, hatte ich plötzlich Lust, es mir wieder einmal anzusehen. Leider hatte man das Gemälde ins Lager verbannt, wie die junge Rezepzionistin mir erklärte.

Die mallorquinische Sängerin Maria del Mar Bonet hat aus dem Gedicht von Costa i Llobera ein sehr eingängiges Lied komponiert.

Ich kenne das Hotel Formentor nur von der Wasserseite her.

Mehrmals habe ich hier mit Yachten geankert. Eine schöne Bucht und ein sicherer Ankerplatz, so es nicht aus Osten weht.

Heute bin ich aber nicht mit einer luxuriösen Segel-oder Motoryacht unterwegs, sondern mit meinem treuen Langohr. Ökotourismus eher.

Hier im Wald ist es weniger komfortabel als auf den Yachten, aber um einiges ruhiger. Meine jetzigen Aktivitäten sind in meinem Alter die bessere Alternative.

So ganz zufrieden bin ich mit unserem Lagerplatz nicht. Alles ein bisschen dunkel hier zwischen den hohen Pinien.

Es ist noch nicht spät und nach der ausgiebigen Pause und dem guten Essen kommt meine Energie langsam wieder zurück.

Warum nicht noch weiterlaufen und einen besseren Platz für die Nacht suchen?

In Windeseile bürste und bepacke ich Paulo und wir sind wieder unterwegs.

Nicht lange. Vielleicht zwanzig Minuten.

Auf der rechten Seite der Landstraße sehe ich einen großen Parkplatz.

Um diese Uhrzeit leer. Nur ein einzelner kleiner PKW parkt direkt an der Zufahrt. Daneben sitzt ein junges Paar auf Campinghockern. Neugierig lächelnd gucken sie zu uns hin.

Im Nu entscheide ich: Hier bleiben wir. Das wird unser heutiges Nachtlager.

Ich spreche die beiden jungen Leute an und frage, ob sie über Nacht bleiben.

Ja, das wäre die Idee, wenn uns hier keiner wegjagt.

Die beiden heißen Maria und Toni und kommen aus Palma. Übers Wochenende sind sie aus der heißen Stadt geflüchtet und wollten eigentlich in Port de Pollença am Strand übernachten. Dort war ihnen aber zu viel Trubel und so sind sie hier auf dem Parkplatz von Formentor gelandet.

Ich ziehe Paulo etwas zum Rand des Parkplatzes, binde ihn

an einem Zaunpfahl an und lade die Ausrüstung ab. Das Bettenbauen verschiebe ich auf später.

Erstmal setze ich mich zu Maria und Toni. Sie haben sogar kalten Rosado dabei.

Ich spendiere meine Cracker, ein bisschen Käse und Mandeln. Mein zweites Abendessen für heute. Diesmal in netter Gesellschaft.

Vor Mitternacht lösen wir unsere Runde auf. Paulo bekommt noch ein paar Streicheleinheiten und ein bisschen Brot von Maria. Dann sagen wir Gute Nacht.

Ich pumpe meine Luftmatratze auf und lege mich zwanzig Meter entfernt von Paulo auf den Boden. Es ist noch so warm, dass ich nicht einmal in den Schlafsack krieche.

Heute ist übrigens der längste Tag des Jahres und die kürzeste Nacht.

Die wilde Halbinsel Formentor

Wieder bin ich früh auf. Die Nacht war ruhig auf meiner Luftmatratze.

Keiner hat uns weggejagt.

Maria und Toni schlafen noch. Toni auf einer ISO Matte und Maria auf einer Luftmatratze.

Paulo zieht unruhig an seinem Strick, als er mich aufstehen sieht.

Wahrscheinlich beobachtet er mich seit Sonnenaufgang.

Er wartet auf sein Frühstück. Nach seiner Maisration ist er dann eine Weile ruhig und döst vor sich hin.

Das ist dann meine Frühstückszeit. Heute ist mein Frühstück wieder besonders einfach.

Lauwarmes Wasser und ein paar Kekse. Hier auf dem absolut vegetationslosen Parkplatz könnte ich den Gaskocher ohne Feuersgefahr in Betrieb nehmen.

Habe aber keine Lust.

Paulos Fellreinigung und das Auskratzen der Hufe gehen schnell.

Eilig suche ich die Ausrüstung zusammen.

Alles geht fix heute Morgen. Auch die Packerei.

Maria und Toni verabschieden sich im Liegen von uns. Ein verschlafenes „Buena caminata" bekommen wir mit auf den Weg.

Um halb acht sind wir unterwegs auf der Landstraße.

Die ersten Autos sind auch schon wieder auf der Piste. Zumeist kleinere Lastwagen und Kombis. Da drinnen sitzen die Fahrer, die immer die größte Eile haben. Da heißt es aufpassen.

Wir halten uns schön rechts am Straßenrand oder laufen auf einem steinigen Nebenpfad.

Leider gibt es für uns keinen Wanderweg bis zum Kap. Wie immer: Gatter kann Paul nicht übersteigen. Leitern nicht erklimmen und anstrengende Steigungen müssen wir beide nicht haben.

So bleibt uns nur die Landstraße. Diese zieht sich über zwei Kilometer schnurgerade durch den Pla des Pujol.

Die Luft ist noch frisch und angenehm am frühen Morgen.

Das Wandern macht Spaß!

Unterwegs kommen wir an einer Weide mit ein paar Kühen vorbei. Diese muss Paulo sich genauer ansehen.

Es ist, glaube ich, seine erste Begegnung mit dieser Spezies und da wird geschnüffelt und geguckt.

Paulo und eine junge Kuh starren sich minutenlang fast unbeweglich an. Beide Tiere schlagen nur gelegentlich mit den Schwänzen. Auge in Auge beobachten sie sich.

Vielleicht haben Paulo auch die Hörner beeindruckt und er hat sich Gedanken zur Verteidigung im Falle eines unfreundlichen Zusammentreffens gemacht. Wer weiß?

Ich reiße ihn los aus seiner Starre. Die Kuh dreht nur ein bisschen ihren großen Kopf und guckt uns hinterher.

Nach einer Stunde erreichen wir die Cases de Cala Murta. Dort hält man auch Esel. Zu sehen ist aber nichts von Paulos Kollegen.

Links unter uns liegt jetzt die weite Cala Figuera. Welch´ ein Ausblick.

Leer von Booten und im strahlenden Blau des Wassers ist

es wieder einer dieser magischen Momente, welche die Strapazen der Wanderung aufwiegen.

Rechts von uns die steile und hohe Wand vom Es Fumat. 339 Meter hoch ragt die steinige Spitze hier in den Himmel.

Auf uns wartet jetzt wieder ein Tunnel. Unterhalb vom Es Fumat zwischen den Kilometersteinen 13 und 14. Mal sehen, wie Paulo heute reagiert.

Kein Problem. Nach der Erfahrung beim Gorg Blau ist dieser kurze Tunnel keine Hürde mehr für ihn.

So geht es langsam weiter mit einer ständig guten Aussicht über das Mittelmeer zur linken Seite. Später die Bucht von Pollença zur rechten Seite.

Meine Planung für heute ist, bis auf etwa einen oder zwei Kilometer an das Kap, den Leuchtturm, heranzulaufen. Den Rest der Strecke dann morgen zusammen mit meinen Freunden. Ich will dort nicht mit Paulo alleine ankommen.

Wir haben am Parkplatz beim Leuchtturm eine kleine Feier geplant. Morgen ist Sonntag und da haben meine Freunde Zeit für Ausflüge.

Jetzt nimmt der Autoverkehr deutlich zu. Die ersten großen Reisebusse quälen sich über die schmale Straße. Dazu eine Unzahl von Mietautos.

Höchste Zeit für uns, einen Lagerplatz für die Mittagszeit oder vielleicht sogar für die Nacht zu suchen. Aber erstmal laufen wir noch weiter in Richtung Kap. Sehen will ich den Leuchtturm auf jeden Fall heute noch.

Um kurz vor zehn Uhr kommt zwischen den Kilometersteinen siebzehn und achtzehn der Leuchtturm endlich in Sicht.

Majestätisch steht der weiße Turm im flimmernden Vormittagslicht auf der schmalen Kapspitze. Etwas rechts vom Kap kann ich die Nachbarinsel Menorca erkennen.

Die zackige Küste verschwimmt leicht im Dunst, ist aber deutlich sichtbar.

Zwei Kilometer trennen uns noch von unserem Ziel. Elf Tage waren wir unterwegs.

Hier ist der Punkt, wo wir für heute umdrehen. Morgen geht's weiter.

Wir wandern zurück bis zum Pla de les Basses. Eine weite Ebene, die sich von der Landstraße bis hinunter an die Küste, an die Bucht von Pollença, zieht.

Diese große, freie Fläche war mir vorher schon aufgefallen und schien mir perfekt für die Übernachtung. Wenn denn keiner kommt, der uns wegjagt...

Ein Schild dicht neben der Landstraße weist auf Privatweg, Durchgangsverbot und Jagdgebiet hin. Zäune oder Gatter sind nirgendwo vorhanden.

Die Schilder übersehe ich jetzt mal. Heute geht es nicht

anders. Es ist auch niemand in Sicht, den ich fragen könnte.

Der leicht abschüssige Weg ist kurvig und steinig, aber gut begehbar.

So erreichen wir nach einer halben Stunde einen kleinen Wald direkt an der hohen Steilküste beim Punta del vent.

An dieser Stelle wollen wir unser Biwak errichten. Bis morgen Vormittag.

Eine andere Lagermöglichkeit gibt es für uns im nahen Umkreis nicht.

Wieder einmal schrammen wir am Rande der Legalität.

Wir werden uns aber wie vorbildliche Besucher verhalten.

Wir werden keine Umweltsünden begehen, keinen Müll hinterlassen. Kein Feuer machen. Das Zelt nicht aufbauen. Nur biwakieren.

Ich werde die Nacht auf der Luftmatratze verbringen. Paulo wird am Baum angebunden.

Sollten der oder die Besitzer oder die verantwortlichen Aufpasser des Pla de les Basses diese Zeilen jetzt lesen: Ich bedanke mich noch einmal hier und jetzt!

Sie mögen mir das unerlaubte Eindringen im Nachhinein verzeihen.

Man kann den Besitzern auch nur gratulieren zu dem Land. Es ist einmalig schön!

Wir trafen auf keinen Menschen. Der Lärm der Autos und Busse erreichte uns nicht.

Ich hatte dort die beste Aussicht über die Buchten von Pollença und Alcúdia und über weite Teile der Insel.

Es war mit Abstand der schönste Lagerplatz der ganzen Wanderung.

Das letzte Stück zum Kap

Mit meinen Freunden habe ich ein Treffen am Kilometerstein 16 so gegen elf Uhr abgemacht. Jan und Loli kommen zusammen aus Palma.

Anita bringt Maria-Antònia und Xisco aus Calvià in ihrem Auto mit. Leider konnte Mika nicht dabei sein.

Ich hatte Anita und Maria-Antònia gebeten, ein paar Kleinigkeiten zum Essen mitzubringen. Die Anderen waren für die kalten Getränke zuständig.

So sollte einem zünftigen Picknick, einer kleinen Feier zur Ankunft am Leuchtturm, nichts im Wege stehen.

Da der Weg nur kurz ist vom Lagerplatz zur Landstraße, ist keine Hektik angesagt. Wir lassen uns Zeit. Paulo kann noch ausgiebig grasen. Wobei ausgiebig sich mehr auf die Zeit als auf die Grasmenge bezieht. Es ist sehr dünn mit der Bodenvegetation um diese Jahreszeit hier auf der Ebene. Aber Paulo als Eingeborener findet immer noch ein paar fressbare Halme.

Um halb elf machen wir uns zum Aufstieg zur Landstraße bereit.

Von weitem kann ich schon den starken Autoverkehr erkennen. Das Laufen auf der Straße wird heute keine spaßige Angelegenheit. Was bleibt uns?

Das Kap von Formentor ist ein bedeutender Anziehungspunkt für jeden Besucher und gehört fast zum Pflichtprogramm eines Mallorca- Aufenthaltes.

Bei der beeindruckenden, wilden Landschaft und dem Blick über die weite See auch kein Wunder.

Kurz vor elf Uhr erreichen wir die Landstraße. Jetzt heißt es warten.

Nirgendwo ist ausreichend Schatten. Da aber die Seebrise schon eingesetzt hat, lässt es sich aushalten.

Kaum dass wir zehn Minuten gewartet haben, sehe ich schon Jans Auto auf der Landstraße ankommen. Wir sind wohl auch nicht zu übersehen für ihn.

Er parkt seinen kleinen Kombi direkt an der Straßenrand. Viel Platz ist hier nicht.

Große Steine und Felsen überall. Da kommt auch ein Jeep kaum durch.

Die Wiedersehensfreude ist beidseitig. Eine Woche ist vergangen, seit Jan mich im Barranc de Biniaraix begleitet hatte. Loli hatte ich zuletzt vor ein paar Tagen im Kloster Lluc gesehen.

Jetzt kommt aber erst einmal Paulo dran.

Er hat die letzten zwei Tage Wasser nur rationiert bekommen und heute soll er sich wieder einmal richtig satt trinken können. Jan hatte ich um extra viel Wasser gebeten. Er lädt auch gleich zwei Kanister aus und füllt Paulos Trinknapf immer wieder nach. Sieben oder acht Liter sind in ein paar Minuten weg.

Das mit dem geringen Wasservorrat war ein ständiger Balanceakt von mir.

Um Paulo nicht unnötig schwer zu beladen, sind wir manchmal nur mit einem Minimum an Wasser unterwegs gewesen.

Esel sind Wüstentiere und wenn das Wasserangebot einmal reduziert werden muss, ist es kein Drama. Der Eselorganismus ist darauf eingerichtet.

Aber natürlich sollte er nicht unnötig dürsten.

Meine Erfahrung mit Paulo ist, dass er nicht auf Vorrat trinkt. Wenn manchmal morgens an einem Lagerplatz ausreichend Wasser vorhanden war, trank er kaum. Erst nachmittags oder abends nahm er das angebotene Wasser gierig an.

Vielleicht ist das auf Vorrat Trinken in den Eselgenen nicht abgespeichert.

Von Anita kommt eine SMS. Sie sind verspätet von Calvià losgekommen und es wird noch dauern mit ihrer Ankunft am Kap.

Wir beschließen, dass Jan mit seinem Auto zum Kap fährt und dort auf uns wartet. Loli begleitet Paulo und mich auf den letzten Kilometern.

Wir wandern los. Die die letzten zwei Kilometer bis zum Ziel beginnen.

Ich rechne mit einer knappen Stunde Gehzeit bis zum

Leuchtturm. Am Ende war's dann über eine Stunde. Der starke Autoverkehr zwang uns häufiger zum Anhalten.

Die Alternative des *Camí vell des Far*, des alten Pfades zum Leuchtturm, kam aber nicht in Frage. Eine unnötige Strapaze für beide von uns auf dem schmalen Weg mit seinen Steigungen und Gefälle. Dazu ist der Weg an vielen Stellen nicht markiert und auch nicht mehr als Weg erkennbar.

Da ist die Landstraße leider wieder einmal der bessere Weg.

Das letzte Stück zum Leuchtturm, der letzte Kilometer vielleicht, ist eine Landschaft, die einem schier den Atem nimmt. Überwältigend.

Die Natur hier hat für mich etwas Mondähnliches. Zumindest so, wie ich mir den Mond vorstelle.

Wild, wild, wild! Einmalige Felsformationen. Ganz wenig Vegetation nur.

Mit Ausnahme des Leuchtturmes und einiger Trockenmauern kein einziges von Menschenhand errichtetes Bauwerk in Sicht.

Wie schreibt der mallorquinische Fotograf Marcos Molina in seinem schönen Bildband

„Llums de Tramuntana":

... erinnert an die ursprüngliche mediterrane Reinheit in einer Apotheose von Felsen, sinnlichen Buchten und aromatischen Pinien- und Steineichenwäldern.

Man könnte es wohl nicht besser beschreiben.

Wir sind am Ziel

Um viertel nach zwölf erreichen wir den Leuchtturm.

Heute ist Sonntag, der 23. Juni.

Ziel erreicht. Mission completed. Da freut sich der Eselführer.

Zwölf Tage haben wir für die Strecke von Calvià bis zum Kap Formentor gebraucht.

In elf Tagen hätten wir es schaffen können. Wären wir gestern weiter gelaufen.

Doch darum ging es nicht.

Wir wollten nicht die Schnellsten sein. Wir wollten einfach nur ankommen.

Der Leuchtturm wurde übrigens im April 1863 eingeweiht.

Das Kap, auf dem der Turm errichtet wurde, ist fast zweihundert Meter hoch.

Seine Feuerhöhe, die Höhe seiner Lampe, befindet sich 210 m über dem Meeresniveau. Die Kennung, die Frequenz der Blitze, ist 4 Blitze alle 20 Sekunden. Das Feuer kann unter optimalen Sichtbedingungen 24 Seemeilen weit gesehen werden.

Als ich noch mit meiner eigenen Segelyacht häufig zwischen der Costa Brava und Mallorca gesegelt bin, war das Kap von Formentor mein Ansteuerungspunkt.

Port de Pollença war dann zumeist unser erster Anlaufhafen auf Mallorca.

Das Feuer des Leuchtturmes habe ich nachts immer wieder am Horizont voraus gesucht. Es war eines meiner wichtigsten Navigationshilfen für die Überfahrt. Satelliten-Navigationsgeräte waren in den achtziger Jahren sehr teuer und für mich unerschwinglich. GPS existierte noch nicht.

Der Magnetkompass, papierne Seekarten, Kursdreiecke und Zirkel und Bleistift waren damals die gebräuchlichen Navigationsmittel.

Leuchtfeuer waren also vor der Erfindung von SATNav und GPS für Navigatoren unverzichtbare Bezugs-oder Ansteuerungspunkte.

Oft erschien das Feuer von Formentor über der Kimm, dem seemännischen Ausdruck für Horizont, erst in den frühen Morgenstunden.

Manchmal sahen wir kein Feuer mehr aufblitzen, sondern erst im Laufe des Vormittags die hohe Felsspitze über der Kimm herauswachsen. Je nachdem, wie schnell wir gesegelt waren oder wie spät wir am Vortag im Hafen an der Costa Brava abgelegt hatten.

Die Strecke über See von z.B. Palamós bis zum Kap ist 110 Seemeilen. Fast genau Kurs Süd.

Mit meinem kleinen, langsamen Schiff brauchten wir auch bei günstigem Wind um die 24 Stunden für die Überfahrt. Es konnten aber auch einmal deutlich mehr Stunden werden, wenn der Wind ungünstig oder schwach war.

Wenn mir damals in meinen Seglerjahren jemand erzählt hätte, ich würde eines Tages mit einem eigenen Packesel zu Fuß zum Kap laufen, hätte ich wahrscheinlich nur lachend den Kopf geschüttelt.

Natürlich bin ich auch mehrmals mit dem Auto zum Kap gefahren. Hatte ich Freunde zu Besuch, wurde ich häufig gebeten, doch einmal mit ihnen zum Kap zu fahren.

Sowohl von der Seeseite her als Seefahrer und auch als Tourist auf dem festen Land habe ich Leuchttürme besucht und besichtigt.

Es gibt sicher noch viele andere, mir nicht bekannte Leuchttürme, die den Besucher genauso beeindrucken wie der vom Kap Formentor.

Einen so schönen wie hier an der Nord-West-Spitze Mallorcas kenne ich aber keinen.

Am Leuchtturm herrscht mächtig Betrieb. Menschen über Menschen. Autofahrer, die eine Lücke auf dem Parkplatz suchen. Hektik total.

Wir lassen uns nicht anstecken. Wir suchen uns unseren Platz auf der Parkfläche unterhalb vom Leuchtturmgebäude. Hier wollen wir auf unsere Freunde warten.

Die kommen auch schon kurze Zeit später an. Gutes Timing.

Die Freude bei allen ist groß. Am größten bei mir. Gemeinsam feiern macht doppelt Spaß. Paulo zeigt eher keine Gefühlsregungen.

Er lässt die ganze Fotografiererei und die Streichelei durch die Touristen geduldig über sich ergehen. Die Autos und Motorräder, die um ihn herum manövrieren, regen ihn nicht auf. Er bleibt die Ruhe selbst. Sein Fluchtinstinkt bricht in keinem Moment durch.

Bewundernswert. Man muss es einfach mal sagen.

Das Personal von der Leuchtturm Cafeteria kommt auch herunter zum Parkplatz.

Hier scheinen nur Frauen zu arbeiten, hat man den Eindruck. Kein Mann dabei.

Eine nette Angestellte aus der Küche schleppt sogar einen Eimer Wasser an.

Paulo säuft eher nur symbolisch daraus. Benetzt seine Lippen und ignoriert dann den Eimer. Eine der Frauen schreibt mir noch ein paar nette Worte in mein Tagebuch: *„Bienvenido al faro de Formentor – que pase momentos muy bonitos"*.

Eine schöne Geste hier auf dem Parkplatz.

Anita überreicht mir jetzt auch meine Prämie.

Fast wie die *Compostela*, das Zertifikat auf dem Jakobsweg, wenn man Santiago erreicht hat.

Ich bekomme eine schön beschriebene weiße Muschel und einen aus Sperrholz ausgesägten, blau angestrichenen Esel.

„De Calvià a Formentor Jürgen + Paulo 11.-23.06.2013", liebevoll darauf gemalt.

Was will der Pilger mehr?

Paulo bekommt von ihr reichlich Möhren als Prämie. Anita denkt an alles.

Hier oben auf dem Parkplatz können wir nicht bleiben. Kein Platz, um uns auszubreiten für ein Picknick. Paulo käme auch nicht zur Ruhe bei den vielen Menschen mit ihren Streichelbedürfnissen.

Wir suchen uns einen Platz etwas weiter unterhalb an der Straße.

Hier steht sogar ein einzelner Baum, so dass wir im Schatten sitzen können. Besser geht's nicht.

Anita und Maria-Antònia packen die mitgebrachten Köstlichkeiten aus. Verschiedene Salate, *coca de trampó*, *cocaroi*, großzügig belegte Brötchen. Würstchen. Oliven.

Dazu kalter Sekt und Rosado. Nach meiner manchmal kargen Verpflegung unterwegs ist es für mich heute die reinste Schlemmerei.

Nach fast zwei Stunden Zusammensitzen kommt die Zeit zum Aufbruch.

Es wird wieder ernst für uns Reisende.

Paulo und ich wollen heute noch mindestens bis zum Parkplatz von vorletzter Nacht laufen, um dort zu übernachten.

Mit vollem Bauch und den paar getrunkenen Gläsern Sekt fällt es mir schwer, wieder in Gang zu kommen.

Jan gießt nochmals Wasser in Paulos Napf. Einen Wasserkanister laden wir ihm noch zusätzlich auf den Rücken.

Der Abschied ist kurz, aber herzlich.

Anita lädt uns alle zu einer Paella am Ankunftstag in Calvià ein.

Fast beneide ich meine Freunde, die sich jetzt einfach nur ins Auto setzen und in einer Stunde wieder zu Hause sind.

Bei Paulo und mir wird's um einiges länger dauern.

Der Rückweg nach Calvià

Unser Rückweg hat begonnen.

Packen wir's an!

Wie lange werden wir brauchen, bis wir wieder zurück in Calvià sind?

Schauen wir mal. Mit genauen Terminplanungen halte ich mich zurück. Noch.

Vorerst nur die Tagesetappen planen. Dabei unser Endziel Calvià nicht aus den Augen verlieren.

Eile ist nicht notwendig. So denke ich an dem Nachmittag noch.

Ich fühle mich fit. In guter Kondition. Paulo macht auch nicht den Eindruck, dass ihn die Lauferei bis hierher zu sehr geschwächt hätte.

Gestern schon habe ich entschieden, dass wir auch den Rückweg zu Fuß machen. Wieder mit eigenen Beinen zurück-wandern und keinen Transporter in Anspruch nehmen.

Wir werden jetzt aber nicht durch die Serra laufen, sondern östlich davon über Campanet, Alaró, Santa Maria und Bunyola. Alles ein bisschen flacher und ohne große Steigungen. Weniger anstrengend für uns beide.

Dazu lernen wir eine andere Landschaft zu Fuß kennen.

Erst einmal müssen wir aber auf demselben Weg zurück bis Pollença.

Der Autoverkehr ist noch gewaltig heute Nachmittag auf der Landstraße. Unglaublich, welche Menschenmassen täglich zum Kap Formentor im Auto oder Bus unterwegs sind. Und wir als Wanderer mittendrin.

Irgendwann nach dieser Tour lese oder höre ich, dass das Kap von Formentor der meistbesuchte Punkt der Insel ist. Mich wundert's nicht.

Nun, wir waren auch da.

Der Sekt macht sich bei mir bemerkbar. Das Laufen fällt mir schwerer als sonst. Der Preis, den ich zahlen muss, für die zwei schönen Stunden unterm Baum am Kap.

Als wir beim Tunnel ankommen, ist der Verkehr in unsere Richtung so stark, dass ich Bedenken habe weiter zu laufen. Ich möchte nicht mitten im Tunnel einen Stau verursachen, weil Paulo sich womöglich nicht mehr führen lässt. Auch wenn wir alle Tunneldurchquerungen bisher bestens gemeistert haben.

Wir halten auf dem kleinen Parkplatz direkt vor dem Tunnel an und warten ein paar Minuten. Aber der Verkehr wird nicht weniger.

Der Rückverkehr vom Kap Richtung Pollença hat eingesetzt.

Aus der Gegenrichtung kommen kaum noch Autos.

Hier können wir nicht ewig warten. Kurzentschlossen halte ich einen großen weißen Jeep an. Ein jüngerer Mann sitzt am Steuer.

Es ist eine deutsche Familie im Mietauto. Der Fahrer und Familienvater ist etwas überrascht, als ich ihm mein Anliegen vortrage; ist aber sofort bereit uns zu helfen.

Ich bitte ihn seinen großen Wagen mitten auf der Fahrbahn zu parken und dann den Verkehr per Handzeichen anzuhalten.

Jetzt versteht er. Rasch klettert er aus seinem Jeep, stellt sich auf die Fahrbahn und hält mit erhobenem Arm den Verkehr auf.

Ein deutscher Tourist als kurzzeitiger Aushilfspolizist im Urlaub auf Mallorca...

Gegenverkehr gibt es zum Glück in dem Moment nicht.

Da passt ein Engel gerade wieder einmal auf uns Wanderer auf.

Paulo und ich laufen im Sauseschritt los.

In zwei Minuten sind wir durch. Als wir schon fast den Ausgang erreicht haben, kommt uns doch noch ein PKW entgegen. Der Fahrer sieht uns, bremst sofort ab und bleibt stehen. Ein rücksichtsvoller Mensch.

Ein paar hundert Meter vom Tunnel entfernt überholt uns dann die deutsche Familie in ihrem großen Jeep.

Viel Winken und Bedanken. Den Kindern wird's gefallen haben. Die spontane Hilfsaktion des Vaters.

Das Laufen auf der abschüssigen Landstraße ist leicht, fast ohne Anstrengung.

Der Sekt ist auch langsam aus meinem Blutkreislauf

verdampft. Mir geht's wieder deutlich besser.

Jetzt muss ich die Ankunft am Parkplatz für die Übernachtung planen.

Zu früh am Parkplatz anzukommen, bringt möglicherweise nur Probleme. Je später wir dort sind, umso besser.

Bis zweiundzwanzig Uhr ist es hell. Wir haben also jede Menge Zeit.

Am besten, wir machen unterwegs eine Pause. Schlagen uns irgendwo in die Büsche. An einer Stelle, die nicht einsehbar ist von der Straße.

Wenige Minuten schon nach meinen Ankunftskalkulationen sehe ich auf der rechten Seite einen kleinen Weg in den Wald führen. Ein Pinienwald. Hohe Bäume, die nicht sehr eng stehen. Wenn wir weit genug in den Wald hineinlaufen, sind wir von der Straße aus nicht mehr zu entdecken. Wir biegen ab.

An einer ebenen Stelle lade ich ab. Paulo binde ich sofort an einen Baumstamm.

Er ist jetzt genug gelaufen und ist bestimmt froh, sich ausruhen zu können.

Ich breite Paulos dicke marokkanische Decke auf dem Boden aus. Die hat er beim Laufen auf dem Rücken liegen. Sie ist durchgeschwitzt, aber ich werfe mich darauf wie in ein weiches Bett.

Auch ich brauche Ruhe. Es war wieder ein anstrengender Tag. Dazu voller emotionaler Momente.

Die gelungene Ankunft am Kap. Der Besuch der Freunde. Die kleine Feier.

Ich bin richtig zufrieden mit mir und meiner kleinen Welt.

Über drei Stunden bleiben wir hier im Wald und ruhen uns aus.

Auch Paulo bleibt die ganze Zeit an seinem Baum stehen und zeigt nicht die typische Unruhe, die ihn befällt, wenn er länger an einer Stelle angebunden ist.

Er brauchte wohl genauso wie ich diese Pause.

Auf der Straße ist praktisch kein Verkehr mehr. Der richtige Zeitpunkt, den letzten Kilometer bis zum Parkplatz zu laufen.

In aller Eile wird Paulo beladen. Viel Mühe mit den Leinen gebe ich mir nicht.

Wir müssen keine Steigungen oder Abstiege bewältigen. Es geht nur auf fast ebener Straße geradeaus. Da wird sich schon nichts runterwackeln.

In weniger als einer halben Stunde erreichen wir den Parkplatz. Bis auf einen großen Jeep ist kein Auto und sind auch keine Menschen zu sehen. Perfekt.

Ich binde Paulo an derselben Stelle an wie beim letzten Mal. Er bekommt auch gleich seine Abendration Mais und ich stelle den Napf mit Wasser daneben.

Er ist für heute versorgt.

Jetzt macht sich bei mir Hunger bemerkbar. Ich packe die Reste aus die Anita mir liebevoll in Tuppertöpfen zurückgelassen hat. Eine Flasche kaltes Bier ist auch noch unter den Beständen. Schierer Luxus...

Langsam bricht die Dunkelheit ein und ich spüre die einsetzende Müdigkeit.

Paulo lässt auch schon Ohren und Unterlippe hängen. Unfehlbare Anzeichen, dass er am Einschlafen ist.

Ich pumpe meine Luftmatratze auf und suche den Schlafsack heraus.

Endlich kann ich meine müden Glieder ausstrecken.

Außer gelegentlichem Flügelschlagen von Vögeln in den Bäumen ist kein Laut zu hören. Stille total. Paradiesisches Formentor.

Ich komme nicht einmal mehr dazu, den klaren Sternenhimmel anzusehen. Mir fallen die Augen so zu. Wie schreibt Robert Stevenson in seinem Eselreisebuch: *Der Schlaf mied lange meine Lider...* Ich schreibe einmal: Meine Lider zogen den Schlaf an...

In vielen Orten der Insel ist heute die Hölle los. *Nit de Sant Joan.* Sonnenwendfeier. Es finden Konzerte statt. Zehntausende von Menschen bevölkern heute Nacht die Strände. Stellen Lichter auf. Zünden Feuer an. Trinken und essen. Tanzen im Sand.

Es wird gefeiert bis zum Sonnenaufgang.

In den Dörfern im Inselinneren tanzen die *Dimonis*. Ganz Mallorca ist in Bewegung.

Ich bekomme davon nichts mit. Liege hier ganz alleine im Schlafsack und habe eine ruhige Nacht.

Wieder zurück in Pollença

Vor sechs Uhr schon bin ich wach. Heute ist Montag.

Ein paar Kekse und zwei Gläser Wasser genügen als Frühstück. Ich fange sofort mit der Packerei an. Kaum dass Paulo seinen Mais aufgefressen hat, laufen wir los.

Der Stalltrieb hat mich anscheinend schon gepackt. Der Drang nach Hause. Und das möglichst schnell. Bloß keine Zeit verlieren.

Was ist passiert? Gestern gingen meine Reiseplanungen nicht über den nächsten Tag hinaus. Heute schon will ich schnell weiter.

Um viertel nach sieben sind wir unterwegs.

Nach einer Viertelstunde begegnet uns ein kleiner Bus. Der Fahrer hupt.

Die Buspassagiere winken aufgeregt. Alles nur Frauengesichter. Da erkenne ich sie. Im allerletzten Moment: Es sind die freundlichen Angestellten von der Cafeteria am Leuchtturm. Sie werden jetzt zur Schicht gefahren. Welch´ eine Überraschung hier morgens um halb acht auf der Landstraße.

Später erfahre ich, dass das Personal der Cafeteria aus dem Dorf Mancor de la Vall kommt. Der Pächter ist von dort und so rekrutiert er sein Personal gleich im Ort.

Um acht Uhr erreichen wir den freien Platz, wo normalerweise der Kioskwagen steht. Den Coll de sa Creueta. Der Kioskwagen ist nirgendwo in Sicht.

Die nette Judith hat noch nicht mit der Arbeit angefangen.

Eine kurze Verschnaufpause, während der ich ein bisschen Obst als zweites Frühstück verspeise, und schon geht's weiter.

Wir sind gerade richtig schön in Schwung bergab, als uns ein PKW entgegenkommt und direkt neben uns abbremst. Heraus steigt ein jüngerer Mann. Nach einem kurzen *Buenos dias* legt er gleich los:

Bist du der, der mit seinem Esel von Calvià bis zum Kap gewandert ist?

Ja, der bin ich. Mein Esel Paulo und ich.

Claro, meint er darauf. Könnt´ ja nur ihr sein. So viele gibt es davon ja nicht.

Es stellt sich heraus, dass er der Verwalter des Hofes Cases de Murta ist, wo man eine Menge Esel hält.

Warum bist du denn nicht bei uns vorbeigekommen?

Du hättest bei uns übernachten können. So redet er noch weiter. Leider nur zu spät. Gerne hätte ich sein Angebot vor zwei Tagen angenommen.

Magdalena aus Port de Pollença hatte sogar noch mit dem Büro der Cases de Murta telefoniert und gefragt, ob eine Übernachtungsmöglichkeit für uns bestünde.

Die Gebäude seien belegt und es gebe leider keinen Platz für uns, wurde ihr aber gesagt.

Dort ein oder zwei Nächte zu bleiben, wäre ideal gewesen und hätte mir die unbequeme Schlaferei auf dem Parkplatz erspart.

Ein leichter Vorwurf kommt von ihm noch zum Abschied: Wie konntest du so ein schönes und großen Tier bloß kastrieren lassen? Welch´ eine Sünde. Der wäre ideal für die Zucht gewesen.

Da ist er nicht der Erste, der mir diesen Vorwurf macht. Nur, für meine Zwecke kam nur ein Wallach in Frage. Vor dem Kauf des Esels wusste ich schon, dass ich mit ihm auf Tour gehen wollte. Den Esel wollte ich als Packtier nutzen.

Mit einem Hengst auf Wanderschaft zu gehen, wäre wie mit einem Tiger unterwegs zu sein. Als Eselführer hätte ich ständig auf der Hut sein müssen, ob keine anderen Esel in der Nähe sind. Besonders heiße Stuten wären sein Ziel gewesen.

Ein Wallach ist da der bessere Gefährte.

Ein kastrierter Esel lässt sich leicht führen. Er hat nicht so einen ausgeprägten eigenen Willen.

Wäre Paulo noch ein Hengst, hätte unser Zusammentreffen mit den beiden Eseln am Cuber Stausee wahrscheinlich in einem Kampf geendet. Ausgang ungewiss.

Um kurz vor neun Uhr erreichen wir die ersten Häuser von Port de Pollença.

Durch den beliebten Badeort selbst brauchen wir nicht zu laufen. Der bleibt links liegen.

Wir folgen der MA-2200 bis Pollença. Statt über die Pont

Romà direkt zum Refugio zu laufen, bleiben wir auf der Bundesstraße, bis wir an einen Kreisel mit einem bunten eisernen Hahn kommen. Eine Art Skulptur. Welche Bedeutung sie hat oder was sie aussagen soll, weiß ich allerdings nicht. Dort biegen wir scharf nach links ab, um nach wenigen Metern das Anwesen von Vallori zu erreichen.

Von Vallori und seinem Reitstall hatte mir Biel vom Refugio erzählt und mir geraten, es dort einmal mit Paulos Unterbringung zu versuchen.

Angemeldet hatte ich uns nicht. Ich habe es einfach drauf ankommen lassen.

Vallori betreibt gleichzeitig eine Tischlerei oder Zimmerei neben den Pferdeställen.

Alle Türen des Hauses zur Straße sind verschlossen, aber direkt daneben auf einem großen Paddock sehe ich einen jungen Mann beim Dung Einsammeln.

Ihn spreche ich an wegen einer Unterstellmöglichkeit für Paulo.

Da müsse er Pepe den Chef fragen, aber es sollte kein Problem sein.,

Das hört sich schon mal gut an.

Die drei jungen Pferde, die im Paddock laufen, äugen etwas verschreckt zu Paulo hin.

Sie weichen sogar einige Meter zurück, eng aneinander gedrückt, könnte man meinen, zum hinteren Ende des Paddocks.

So etwas wie Paulo haben sie wohl noch nicht gesehen.

Der streckt neugierig seinen großen Kopf in die Richtung der behuften Kollegen. Verkneift sich aber einen lautstarken Begrüßungslaut. Vielleicht will er die drei Jünglinge nicht noch weiter verschrecken.

Nach ein paar Minuten hält plötzlich ein Auto direkt neben uns. Ein sympathischer Mann in meinem Alter steigt aus und kommt freundlich lächelnd und mit dem üblichen *Buenos dias* auf uns zu.

Du suchst einen Platz für deinen Esel, für wie lange, fragt er ohne Umschweife und betrachtet dabei Paulo von oben bis unten und vorne bis hinten.

Der kritische Blick des Fachmannes, schießt es mir durch den Kopf.

Paulo hat den Check anscheinend bestanden. Ja, der kann hier bleiben, ist sein knappe Antwort. Warte. Ich hole die Schlüssel.

Der Mann ist augenscheinlich in Eile, will uns aber gerne helfen.

So landet Paulo für eine Nacht auf dem Hof von Vallori.

Ich bin richtig froh und erleichtert. Alles sieht sehr gepflegt aus. Fast könnte man die ganze Anlage als einen Zoo bezeichnen. Neben den Pferden sehe ich noch Rinder und Schafe.

Paulo erhält eine abgeschlossene Box. Leider ohne eine Möglichkeit für ihn herauszusehen. Da kann er sich dann ganz auf sich selbst konzentrieren zwischen den vier hölzernen Wänden. Ohne Ablenkung von außen.

In den Nebenboxen stehen Pferde, die sich aber von Paulos Ankunft nicht beunruhigen lassen.

Ich suche mir ein paar persönlichen Sachen für heute im Refugio heraus und kann den Rest der Ausrüstung in einer kleinen verschlossenen Laube unterbringen.

Ich gebe Pepe dann zwanzig Euro für die Unterbringung von Paulo.

Er bedankt sich: Sagt noch: Hätte doch nicht nötig getan und steckt den Schein flink in seine Hosentasche.

Den Spruch mit dem Eisessen wie bei Pep in Soller bringe ich hier nicht an. Kein kleiner Sohn in Sicht…

Ich verabschiede mich und mache mich auf den Weg zum Refugio.

Dazu muss ich den ganzen Ort durchqueren. Weiter weg geht eigentlich gar nicht in Pollença.

Um Punkt zwölf Uhr erreiche ich etwas erschöpft, aber froh über den guten Ausgang des Vormittags das Refugio.

Yvonne zeigt mir gleich mein Zimmer. Heute wird es etwas voller, meint sie nur.

Du wirst kein Einzelzimmer haben.

Ich teile mir das Achtbettzimmer mit sechs Wanderern, die im Laufe des Tages ankommen. Alles junge Leute.

Vier spanische Mädchen und zwei jüngere Männer. Mit weitem Abstand bin ich der älteste Mitbewohner.

Ich habe eine Unterkoje. Die Koje über mir bleibt frei. Gut so.

Auch die anderen Zimmer werden im Laufe des Tages noch belegt. Im Refugio ist Hochbetrieb.

Nach einem frühen Mittagessen mache ich erstmal meine Siesta.

Der erste Mittagsschlaf seit Tagen. Und das in einem Bett und ohne Aufpassen auf meinen Esel oder lästige Widrigkeiten am Wegesrand. Dazu in einem angenehm kühlen Zimmer.

Am späten Nachmittag mache ich mich auf, um nach meinem Wanderfreund zu sehen. Unterwegs kaufe ich noch ein Kilo Möhren.

Kleines Mitbringsel als Freundschaftsbeweis. Als Trost für die räumliche Trennung.

Als ich am Haus von Vallori ankomme, treffe ich auf eine junge Frau mit zwei riesigen Hunden. Kälbergröße plus. Die Rasse kenne ich nicht.

Ich stelle mich bei der gutaussehenden Frau als „den Eseltreiber" vor. Ja, sie hat schon von uns gehört und ist neugierig auf den Besucher.

Die Hunde sollen jetzt mitkommen, damit sie Paulo kennenlernen und Bescheid wissen, dass er heute hier übernachtet. Den neuen Fremdling in ihrem Territorium begutachten.

Die beiden Megahunde sind die Nachtwächter und die

Frau klärt mich auf, dass, wenn sie ihnen Paulo nicht vorstellt, die beiden die halbe Nacht vor seiner Stalltür stehen würden, um den Eindringling unter Kontrolle zu haben.

Das will sie beiden Seiten, Hund und Esel, nicht zumuten.

Da kann ich nur zustimmen.

Wir gehen gemeinsam über das große Gelände zur Box von Paulo.

Die Hunde umkreisen uns dabei die ganze Zeit. Ich fühle mich etwas unwohl in dieser Gesellschaft. Eine stressige Angelegenheit für mich.

Na, die Dame wird schon wissen, wie das mit ihren Hunden und deren Verhältnis zu fremden Besuchern ist.

Als wir an Paulos Boxentür ankommen, lugt der schon durch den Maschendraht.

Ich öffne vorsichtig die Tür.

Die beiden großen Hunde spüre ich, schnell atmend, fast schnaufend, direkt hinter mir stehend. Man könnte meinen, sie sind bereit zur Attacke.

Kaum habe ich den Riegel umgedreht drückt Paulo mit aller Macht gegen die Tür.

Ich kann nicht dagegen drücken. Unmöglich. Die Tür schwingt knarrend auf.

Paulo stapft heraus und steht in seiner vollen Größe mit hoch erhobenem Kopf auf dem Betonboden vor der Box. Von den beiden Bewachern zeigt er sich in keiner Weise beeindruckt. Die ignoriert er.

Er kommt auf mich zu und stößt mir mit seiner langen

Schnauze vor die Brust. Seine ganz persönliche Art des auf die Schulter Klopfens.

Die beiden Hunde machen einen Riesensatz nach hinten, wie ich gerade noch aus den Augenwinkeln sehe. Kein Bellen. Kein Knurren. Nichts.

Sie bleiben in einem sicheren Abstand von mehreren Metern hechelnd stehen und beobachten Paulo.

Die Frau lacht. Den scheinen sie zu respektieren, meint sie nur zur Reaktion ihrer Nachtwächter.

Ich werfe das ganze Kilo Möhren in Paulos Stall. Das Zeichen für ihn, unaufgefordert wieder hineinzugehen. Irgendjemand hatte ihm schon frisches Heu gebracht, wie ich in einer Ecke sehen kann. Verhungern würde er also heute Nacht nicht.

Ich verabschiede mich von Paulo und die Frau und ihre beiden Hunde begleiten mich zum Ausgang.

Ab acht Uhr kannst du ihn abholen. Da sind die Hunde eingesperrt und das Tor vorne ist geöffnet. Das sagt sie mir zum Abschied.

Alles gut und unter Kontrolle bei Vallori, geht mir durch den Kopf. Es könnte nicht besser sein.

Ich gehe jetzt erst einmal einen Kaffee trinken. Ein Stück Torte gibt's noch dazu.

Auf dem Rückweg zum Refugio sehe ich mir die Schaufenster-Auslagen an.

Pollença ist ein schöner Ort mit interessanten Gassen und

kleinen Plätzen.

Irgendwie wirkt Pollença auf mich immer so aufgeräumt. Alles sauber und ordentlich.

Das Zentrum ist die Plaza Major. Hier befindet sich auch die bekannte Bar „Can Moixet". Von hier aus gehen die Einkaufsstraßen ab. Viele schöne Läden hat Pollença. Dem Geldausgeben sind keine Grenzen gesetzt. Am Sonntag gibt es einen interessanten Markt. Auch der mit Niveau.

Ein besonderes Ereignis ist jedes Jahr zu Sant Antoni, 16/17. Januar, die „Sa pujada al pi". Das Hochklettern an einem langen, mit flüssiger Seife eingeschmierten Kiefernbaumstamm.

Die jungen Männer des Ortes sind dabei die Hauptakteure.

Gar nicht so einfach, nach oben zu kommen und den dort an der Spitze befestigten Sack mit Hühnerfedern aufzureißen. Ohne vorheriges Training geht da nichts. Ein geeigneter Baum wird vorher sorgfältig auf der Finca Ternelles ausgesucht, gefällt und dann mit großem Gefolge zur Plaça Vella gebracht.

Für mich ist das heute alles eher nebensächlich.

Ich spiele am frühen Abend ein bisschen Urlauber. Ausruhen will ich und weiter nichts.

Eine kurze Idee von mir noch zur kleinen Kirche Virgen de los Ángeles auf dem Monte del Calvario hochzulaufen, verwerfe ich schnell wieder.

Die dreihundertfünfundsechzig Stufen brauche ich heute nicht mehr.

Unsere Wanderung ist schon Calvario genug.

Man muss auch nicht alles mitmachen....

Als ich im Refugio ankomme, treffe ich auf meine Mitbewohner für heute Nacht.

Wir begrüßen uns kurz. Wohin, woher. Eine weitere Unterhaltung kommt nicht auf.

Ich frage Yvonne nach dem Abendessen.

In der nächsten halben Stunde wird serviert. Perfekt.

Da ist noch Zeit für ein Glas kühlen Rosados. Ich setze mich in den Patio, blättere in einer ausliegenden Zeitschrift. Genieße die Ruhe und das Ausspannen hier bei Yvonne und Biel. Mal wegdriften von der Eseltreiberschiene.

Wer weiß, wie wir uns morgen wieder anstrengen müssen und welche Hindernisse der Landstraße auf uns beide warten. Nutze die Zeit!

Ich mache meine ersten Kalkulationen zur Ankunft in Calvià.

Mit ein bisschen Glück könnten wir Sonntag dort sein. Das wäre ideal.

Alle Freunde hätten Zeit für das versprochene Paella-Essen bei Anita.

Zuviel will ich aber noch nicht kalkulieren und schätzen und rechnen.

Es liegen noch fast 100 Km vor uns. Mal sehen, was die

nächsten zwei Tage an Strecke bringen. Dann kalkulieren wir neu.

Ein bisschen ist tatsächlich der Stalltrieb in mir erwacht. Ich spüre es ganz deutlich.

Die Sehnsucht nach dem vertrauten Heim und dem eigenen Bett. Und der Stalltrieb hetzt mich die nächsten Tage ganz gewaltig.

Rückblickend gesehen hätten wir uns mehr Zeit für den Weg von Pollença nach Calvià nehmen sollen.

Zum Abendessen bleibe ich im Patio. Das Essen im Refugio ist gut. Mit Liebe gekocht, kann man fast sagen.

Biel bringt mir die gut gefüllten Teller persönlich an den Tisch. Ein weiteres Glas Rosado kommt noch hinzu.

Alt werde ich heute nicht. Kurz nach zweiundzwanzig Uhr ist für mich der Tag zu Ende. Die anderen Betten sind noch leer. Die jungen Leute sitzen zusammen im Aufenthaltsraum.

Pollença nach Mancor de la Vall

Um kurz nach sieben beginnt Leben in unserem Zimmer.

Wanderer sind Frühaufsteher. Auch ich krieche aus meiner weichen Koje.

Eine schnelle Dusche, und der Tag kann beginnen.

Im Aufenthaltsraum ist schon Betrieb. Frühstück ist in vollem Gange.

Beim Frühstück lasse ich mir noch ein bisschen Zeit. Ich will den Tag nicht gleich mit Hektik anfangen.

Die Verabschiedung von Yvonne und Biel ist kurz und herzlich. Die beiden sind einfach perfekte Gastgeber.

Auf dem Weg zum Stall kaufe ich noch ein bisschen ein. Viel nicht. Für heute Nachmittag bin ich mit Gitte, einer alten Bekannten aus der Yachtszene, verabredet.

Sie wohnt auf einer gemieteten kleinen Finca irgendwo auf dem Lande zwischen Caimari und Campanet. Es soll mein erster Besuch bei ihr sein.

Ein Freund aus Holland, Friesland wie er immer gerne betont, der früher auch auf Yachten gearbeitet hat, will noch dazukommen.

Da können wir ein bisschen europäische Einheit praktizieren.

Das Abendessen ist also gesichert. Und für Paulo ist auch Unterschlupf vorhanden.

So dachte ich zumindest noch beim morgendlichen Durchqueren von Pollença.

Hätte ich gewusst, was mich heute am Spätnachmittag erwartet, ich hätte noch einen Tag Ausruhen im Refugio angehängt.

Aber alles der Reihe nach.

Paulo empfängt mich freudestrahlend. Zumindest interpretiere ich das so. Endlich kommt er raus aus seiner Box.

Ich bürste erst einmal gründlich sein Fell. Auch die Hufe kratze ich besonders sauber aus. Heute lasse ich mir mehr Zeit als sonst.

Um halb elf kommen wir endlich los.

Leider müssen wir die ersten Kilometer Landstraße laufen. Und die MA-2200 ist ganz schön stark befahren. Die sechs langen Kilometer wollen nicht enden. Ein Horror!

Auf Nebenwege auszuweichen versuche ich gar nicht erst. Bei der parzellierten Landschaft enden die kleinen Straße und Wege zumeist vor einem privaten Tor.

Kurz vor zwölf Uhr erreichen wir die Abzweigung von der MA-2200 auf den *Camí Vell de Campanet a Pollença*. Hier lässt der Verkehr schlagartig nach.

Ein paar hundert Meter vor der Abzweigung hatte uns ein großer Landrover mit einem Mann am Steuer überholt. Der winkte ganz aufgeregt und hielt den Daumen hoch.

Die Geste mit dem Daumen sollte wohl seine Bewunderung ausdrückend.

Als wir schon fast die Abzweigung erreicht haben kommt der Landrover uns entgegen und hält direkt vor uns auf dem Seitenstreifen.

Der Mann steigt aus und kommt in schnellen Schritten auf uns zu.

Ich kann's nicht glauben, beginnt er gleich die Unterhaltung. Du hier mit deinem Esel auf der Landstraße unterwegs. Auch wieder jemand, der schier aus dem Häuschen ist bei unserem Anblick.

Ich gebe ihm schnell die üblichen Erklärungen zu unserer Tour. Dutzende Male praktiziert in den letzten zwei Wochen und ich könnte es im Schlaf herunterleiern.

Miguel heißt er und arbeitet auf der Finca Can Sureda, die dem bekannten Sänger Peter Maffay gehört. Auch hier auf der Insel eine bekannte und geschätzte Persönlichkeit. Zumindest steht das immer so in der örtlichen Presse.

Persönlich kenne ich Peter Maffay nicht, aber seine Musik habe ich in jüngeren Jahren gerne und häufig gehört.

Vor ein paar Jahren wollte ich einmal seine Finca mit einem Freund besuchen.

Es sollte ein Event mit Musik, Aufführungen und einem traditionellen oder Bio-Markt geben. So genau erinnere ich mich nicht mehr daran. Als wir uns dann auf der Landstraße der Finca von Maffay näherten, sahen wir schon den Massenauflauf. Autos am Straßenrand zu Hunderten geparkt. Kein Durchkommen. Wir drehten dann auch gleich wieder um. So kannte ich Can Sureda also nicht.

Die Finca liegt nur ein paar hundert Meter weiter.

Miguel erklärt mir noch schnell die genaue Lage und verspricht Hafer für Paulo herauszusuchen. Und du kannst bei uns auch noch etwas essen.

Das war ja wieder ein gutes Angebot. Miguel verabschiedet sich mit einem *hasta ahora* und klettert in seinen gewaltigen Landrover.

Nach etwa zwanzig Minuten erreichen wir die Zufahrt nach Can Sureda.

Ganz dekorativ steht ein altes Fahrrad direkt an der Straße und eine Tafel mit der Aufschrift „Pit Stop" drauf. Und frischer Orangensaft wird auch noch annonciert.

Man sieht sofort: hier ist man auf Besucher eingerichtet.

Wir gehen ein Stück den Zugangsweg hoch. Kein Haus oder Gebäude in Sicht.

Für heute Nachmittag sind wir bei Gitte angemeldet. Dort möchte ich nicht zu spät ankommen.

Ich breche den noch nicht einmal begonnenen Besuch kurzfristig ab. Hunderte von Metern Umweg weit weg von der Straße will ich nicht machen. Wir müssen weiter.

Wären wir bloß geblieben....

Es geht weiter auf der schmalen Landstraße. Eine schöne Gegend.

Nicht so spektakulär wie die Serra, aber schön anzusehen und bequem zum Laufen. Genau das, was Hirte und Tier brauchen für den langen Rückmarsch nach Calvià.

Keine unnötigen Anstrengungen.

Wir machen gelegentliche kurz Fress-Stops für Paulo. Wenn ihm schon der Hafer auf der Ranch von Peter Maffay entgangen ist, so soll er hier jetzt wenigstens in Carritx Ähren schwelgen können.

Einmal kommen wir an eine Baustelle. Es werden Rohre verlegt. Neben der Straße. Aber an einem kurzen Stück ist die Straße in ganzer Breite aufgerissen und das tiefe Loch mit mehreren breiten Stahlplatten abgedeckt. Da müssen wir hinüber.

Ich sehe schon wieder meinen Gepäckamigo seine Hufe in den Asphalt rammen und keinen Schritt weitergehen wollen.

Ein Auto, das uns entgegenkommt, erzeugt beim Überqueren der Platten einige richtig laute metallische Knallgeräusche. Wie Gewehrschüsse. Mein Herzschlag schwillt an.

Die drei oder vier Arbeiter, die hier die Rohre einbuddeln, drehen sich zu uns hin und die Arbeit ruht kurzfristig. Einer der Männer lässt vorher aber seine Handramme noch einmal richtig laut hämmern. Er will's meinem Paulo zeigen. Oder ist es nur Gedankenlosigkeit einem Tier gegenüber?

Sie erwarten wohl jetzt ein Spektakel am späten Vormittag. Eine willkommene Abwechslung im Baustellenalltag.

Aber Paulo ist auf meiner Seite: Ohne mit der Wimper zu zucken oder seinen Schritt zu verlangsamen, läuft er über die Stahlplatten.

Wer sagt's denn? Esel sind störrisch und unberechenbar. Welche Esel? Paulo nicht. Alles eine Frage der Erziehung und des Lernens.

Paulo ist in den zwei Wochen, die wir jetzt unterwegs sind, abgehärtet worden, was Störungen am Wegesrand angeht. Ganz sicher ist auch das Vertrauen in seinen Führer noch mehr gewachsen. Er hat erkannt, dass ihm mit mir nichts passiert.

Etwa hundert Meter weiter dröhnt ein gelber Caterpillar. Die Maschine, die den Kanal für die Rohre in den Erdboden fräst. Das nächste Hindernis.

Paulo zögert etwas, läuft aber weiter. Da fliegt die Tür der Caterpillar Kabine auf und gleichzeitig stirbt das Motorgeräusch.

„Seit ihr am Kap gewesen?" ruft der Fahrer zu mir herunter. Erst verstehe ich ihn nicht. Dann klärt er mich auf: Yvonne vom Refugio Pont Romà hatte unsere Tour auf Facebook veröffentlicht. Das hatte er letzte Woche gelesen. Er war aber wohl nicht ganz upgedated....

Ja wir sind am Kap gewesen, aktualisiere ich jetzt die Tour im Vorbeigehen für ihn. *Que valientes sois*. Sein knapper Kommentar dazu.

Bei dem kurzen Gespräch nimmt der Abstand zum Caterpillar schnell zu. Paulo zieht gewaltig. Ich lasse mich ziehen.

Er hatte diesen Ort des Krachs mit Bravour gemeistert.

Wir brauchen eine Pause. Ein bisschen ausruhen und eine Kleinigkeit essen.

Die Ankunft bei Gitte wird doch später als erwartet. Es zieht sich alles ein bisschen.

Zu diesem Zeitpunkt am frühen Nachmittag war ich noch optimistisch, was unser Treffen anging.

Bei unserem letzten Gespräch kurz nach Can Sureda hatte sie mir noch ein paar Tipps zum Finden ihres Hauses gegeben. Ihr könnt es nicht verfehlen, waren ihre letzten Worte gewesen.

Bei mir sind aber doch Zweifel über die genaue Lage geblieben.

Leider kann ich sie jetzt nicht mehr am Telefon erreichen, um uns nochmals abzusprechen wegen des Weges und der möglichen Ankunftszeit.

Wir laufen schon länger in einem Funkloch. Keines meiner beiden Handys funktioniert hier, obwohl von zwei verschiedenen Anbietern.

Bis dahin hatte ich nicht gewusst, wie viele weiße Flecken es handymäßig noch auf Mallorca gibt.

Bei der Kirche Sant Miquel sind wir die einzigen Besucher. Die Kirche, oder das Oratorium, wie es auf den angebrachten Schildern steht, ist verschlossen.

Wir ruhen uns hier fast zwei Stunden aus. Es ist ein friedliches Plätzchen und ich merke nicht, wie die Zeit verrinnt.

Um kurz vor drei sind wir wieder unterwegs.

Den Rest des Weges bis Gitte eben abspulen. Das ist so meine Grundstimmung.

Mit Vorfreude auf ein tolles Abendessen und Geschichten aus alten Zeiten erzählen.

Der nächste Ort, den wir durchqueren, ist Campanet.

Wir müssen noch nicht einmal durch das Dorf selbst, sondern laufen am Ortsrand zwischen einzelnen Häusern und Gärten. Alles sehr schön und ohne viel Verkehr. Keine Aufregung für Treiber und Tier.

Irgendwo in Campanet sind wir dann vom Kurs abgekommen.

Hatte ich Gitte nicht richtig verstanden? Hatte ich nicht richtig zugehört?

Waren ihre Erklärungen für Nichtansässige zu oberflächlich gewesen?

Ich weiß es nicht.

Oder hatte mich der Stalltrieb hier schon unbewusst gelenkt?

Statt nach rechts auf den Camí de Caimari einzuschwenken, sind wir auf der MA-2131 gelandet. Warum gerade auf dieser Straße?

Mir schien es die Richtung zu sein, wie Gitte es mir erklärt hatte.

Ich habe nicht einmal in der Karte nachgesehen. So sicher war ich mir.

Die ersten Zweifel, ob wir auf dem richtigen Weg sind, kommen mir etwa eine halbe Stunde hinter Campanet. Dummerweise sind wir immer noch ohne Handyabdeckung.

Leute, die ich fragen könnte, sind auch nicht zu sehen.

Ein Auto will ich nicht extra anhalten.

Na, wir werden's schon finden. Noch bin ich leicht optimistisch.

Doch mit jedem Schritt kommen mir mehr Zweifel. Immer mehr Hinweisschilder mit Selva tauchen auf. Von Selva hatte Gitte nichts gesagt.

Die Hitze ist wieder einmal unerträglich, und wir sind augenscheinlich auf dem falschen Pfad.

Ich kann's nicht glauben.

Endlich sehe ich jemanden, den ich fragen kann. Ein älterer Mann werkelt in seinem Garten herum. Direkt an der Straße gelegen. Er muss mir helfen.

Ich frage ihn nach einer gutaussehenden blonden Dänin, die hier irgendwo wohnen muss. Und das Haus oder die Finca, hieße Los Almendros.

Er guckt Paulo an. Guckt mich an. Macht ein grübelndes Nachdenkergesicht und schüttelt den Kopf. Hier im

Umkreis wohnt keine blonde Dänin und er kennt auch kein Anwesen mit diesem Namen.

Er verbessert noch schnell das spanische Los Almendros in die mallorquinische Version Els Ametllers. Aber auch das bringt uns nicht weiter.

Was nun? Ich bin mit meinen Kräften mal wieder ziemlich am Ende.

Die Hitze wird auch nicht weniger. Ich habe einen Höllendurst. Wasser hatte ich nur wenig mitgenommen. Ich war von einer Ankunft bei Gitte am frühen Nachmittag ausgegangen. Jetzt ist es mittlerweile nach siebzehn Uhr.

Wo jetzt hin? Wir müssen weiter. Was bleibt uns?

Selva ist nicht mehr weit. Dort wird das Handy wieder funktionieren und ich kann unsere Situation klären. Und Wasser werde ich dort auch kaufen können.

Nach einer weiteren Viertelstunde erreichen wir Selva.

Das Wichtigste ist jetzt Wasser. Für uns beide. Ich binde Paulo an einem Laternenpfosten direkt vor der kleinen Brauerei von Cerveza Tramuntana an.

Hier wird Bier nach alter Tradition gebraut. Auf verschiedenen Märkten hatte ich den Stand der Firma schon gesehen. Auch schon die eine oder andere Flasche getrunken.

Hier gehe ich hinein und frage nach Wasser für Paulo. Der soll zuerst etwas trinken. Danach werde ich an mich denken.

Die beiden jungen Männer sind etwas überrascht über meine Bitte zeigen mir aber gleich einen Wasserhahn. Bedien´ dich. Ich fülle zwei Flaschen voll.

Kurzzeitig denke ich an ein Bier für mich. Hier so direkt an der Quelle. Der ideale Ort für ein kaltes Bier.

Nur ist meine körperliche Verfassung nicht ideal für Bier. Ich lasse es mal lieber. Ohne etwas im Magen und schwach auf den Beinen könnte mich der Alkohol leicht umwerfen.

Paulo trinkt das Wasser in tiefen Zügen. Die zwei Flaschen sind im Nu leer. Ich hole Nachschub aus der Brauerei. Jetzt trinke ich auch davon. Eine Flasche für Paulo, die andere Flasche für mich. Bei knappen Ressourcen muss geteilt werden.

Jetzt rufe ich Gitte an. Das Handy funktioniert endlich.

Wo seid ihr denn bloß? Legt sie gleich los. Ich suche euch schon auf der Landstraße. Habt ihr euch verlaufen?

Ja, so isses wohl. Wir haben uns verlaufen.

Sie kann's nicht glauben bei der präzisen Beschreibung, die sie mir am Telefon gegeben hätte. Sie ist fast etwas aufgebracht, habe ich das Gefühl.

Alles Jammern führt jetzt zu nichts. Wir sind weit weg von ihr am falschen Ort. Zurück laufen kommt nicht in Frage. Keinen Meter laufen wir in die entgegengesetzte Richtung. Wieder entfernen von Calvià? No way!

Wir verabschieden uns und ich vergesse das gute Abendessen bei ihr im Haus.

Hier ist nichts mehr zu ändern. Wir laufen weiter. Umdrehen ist keine Lösung.

Jetzt geht es einige hundert Meter auf der schnurgeraden und baumbestandenen Allee aus Selva heraus.

Grosso modo will ich jetzt nach Alaró. Da werden wir heute nicht mehr hinkommen, aber zumindest ist das meine Wegwahl.

Nach Inca will ich auf keinen Fall, obwohl ich dort einen Bekannten mit einer Unterstellmöglichkeit für Paulo hätte. Das wäre ein zu großer Umweg.

Das Thema, wo übernachten, die Lagerplatzfindung, ist plötzlich wieder wichtig.

Den ganzen Tag hatte ich mir darüber keine Gedanken gemacht und jetzt zum Ende des Wandertages ist das Problem brandaktuell. Wohin heute?

Meine Gesamtstimmung sinkt deutlich.

Wir sind schon einen guten Kilometer hinter Selva auf der MA-2114 unterwegs und offen zugängliche Grundstücke oder Waldflächen sind nirgends zu entdecken, als plötzlich ein großer roter Jeep hinter uns anhält. Fast macht er eine Vollbremsung.

Die Straße ist eng. Es herrscht Gegenverkehr. Kein idealer Platz zum Anhalten.

Was will der Jeepfahrer so plötzlich von uns hier mitten

auf dem Land? Schon der zweite. Die Jeepfahrer haben's heute mit uns.

Heraus springt ein gut gekleideter Mann, etwas jünger als ich, und er fängt sofort im schnellen Mallorquin an zu reden. Das Übliche. Welch´ ein schöner großer Esel und was macht ihr hier und wo kommt ihr her und wo wollt ihr hin.

Ich komme gar nicht dazu, ihm zu antworten.

Als er mit seinem Fragenkatalog geendet hat, antworte ich ihm auf Spanisch.

Die von mir erwartete Überraschung ist deutlich in seinem Gesicht zu erkennen. Was? Kein Mallorquiner, der Eseltreiber. Wahrscheinlich auch noch Ausländer bei dem Akzent. Er fängt sich aber gleich, und ich kann ihm unsere Lage erklären.

Unser „nicht wissen wohin". Ich spare auch nicht mit Dramatik.

Ich spüre, dass er mein Mann ist. Er kann helfen.

Intuitiv weiß ich, jetzt kommt eine Lösung.

Er stellt sich vor. Toni aus Inca.

Früher hatte er Esel. Hat auch Land für Tiere. Leider aber weit weg von hier.

Lass´ mich überlegen, sagt er. Wir finden was für euch.

Das Ergebnis unseres kurzen Treffens ist, dass er jetzt schnell nach Hause fahren will und die Telefonnummer von einem Bekannten aus Mancor de la Vall heraussucht.

Der Bekannte kann uns ganz sicher weiterhelfen, verspricht

er mir. In einer halben Stunde rufe ich dich an. Ich gebe ihm meine beiden Telefonnummern und Toni steigt in seinen eleganten roten Jeep und braust davon.

Ein Mann der Tat. Man merkt es ihm an.

Und auch ein Mann, der seine Versprechungen hält. Nach kaum einer halben Stunde schon ruft er mich an.

Wir sind gerade an einer Kreuzung angekommen, wo ich mich entscheiden muss. Abbiegen nach Mancor de la Vall oder weiter Richtung Lloseta und Alaró.

Der Verkehr an der Kreuzung ist reichlich und ich höre ihn nur schlecht.

Aber irgendwie kann ich die Telefonnummer aufschreiben und verstehe auch den Namen des Mannes, auf den wir treffen sollen in Mancor de la Vall. Juan heißt er und wartet am Dorfeingang auf uns.

Gleich nach dem kurzen Gespräch mit Toni laufen wir los. Von dieser Ecke mit dem vielen Verkehr müssen wir schnell weg. Erst wenn ich eine ruhige Stelle zum Telefonieren gefunden habe, will ich meinen Gastgeber für heute Abend anrufen.

Wir sind jetzt auf der MA-2112, die direkt nach Mancor de la Vall führt.

Ich kann es nicht glauben, wie schnell sich die Dinge zum Guten gewandelt haben.

Erst verloren und heimatlos auf der Landstraße und jetzt

werden wir schon im nächsten Dorf erwartet.

Nach zehn Minuten kommen wir an eine kleine Einfahrt und halten an. Hier ist kein Verkehr, und so kann ich in Ruhe mit Juan aus Mancor telefonieren.

Er freut sich über unser Kommen, und wir werden uns nicht verfehlen, meint er.

Er sitzt auf einem großen Stein am Eingang zum Dorf und wartet dort auf uns. Das kommt noch als Erklärung dazu.

Wir setzen uns wieder in Bewegung und machen uns auf nach Mancor.

Ich rechne mit einer halben Stunde Gehzeit. Am Ende dauert es etwas länger.

Paulo und ich sind nicht mehr so fit nach dem langen Tag. Ich muss meinen Wanderfreund häufig zum Weiterlaufen animieren. Muss ihn weiterziehen. Das kostet jedes Mal Kraft.

Die Uhr geht bald auf acht, als wir Mancor endlich erreichen.

Von weitem schon sehe ich einen Mann auf einem großen Stein sitzen. Der winkt auch in unsere Richtung. Das muss Juan sein.

Die Begrüßung ist herzlich. Wir sind wieder einmal angekommen.

Mancor de la Vall war nicht geplant, aber jetzt finden wir hier unser Nachtlager.

What a day, denke ich so bei mir. 24 lange Kilometer sind wir gelaufen.

Juan geht mit uns ein kleines Stück auf der Hauptstraße zu einem großen eingezäunten Grundstück fast mitten im Ort. Hier können wir unser Zelt aufschlagen und Paulo kann frei laufen und grasen. Ein Wasseranschluss ist auch vorhanden.

Was brauchen wir mehr?

Seine eigenen Esel stehen derzeit auf einem anderen Land und daher können wir hier bleiben. Zusammenbringen könnten wir seine Tiere sowieso nicht mit Paulo, da er einen Hengst in der Herde hat.

Juan und ich unterhalten uns noch eine Weile und stellen dabei fest, dass wir ein paar gemeinsame Bekannte haben. Natürlich aus der Eselszene Mallorcas.

Wie könnte es auch anders sein?

Juan, oder Joan Perelló, ist der Vizepräsident von ASIB, *Assiciació de Criadors de Pura Raça Asenca de les Illes Balears*, der mallorquinischen Eselzüchtervereinigung.

Sofort fallen ein paar Namen von Leuten aus der Vereinigung, in der auch ich Mitglied bin. Auch wenn Paulo als Wallach nicht mehr zur Vermehrung der Rasse beitragen kann und ich derzeit keine Züchterpläne habe. Mitglied in ASIB zu sein, gibt mir aber das Gefühl, etwas zur Erhaltung der mallorquinischen Eselrasse, oder balearischen, wie sie seit einigen Jahren heißt, beizutragen.

Mitglied bin ich geworden gleich, nachdem ich mir Paulo gekauft hatte.

Joan und ich verstehen uns sofort. Sympathie und Verständnis ist auf beiden Seiten vorhanden.

Er erklärt mir noch ein paar Details zum Grundstück und dem Wasseranschluss und dass ich morgen früh unbedingt das Tor mit dem Vorhängeschloss und der Kette wieder verschließen soll.

Joan erzählt mir auch noch, wen ich vor gut zwei Stunden auf der Landstraße getroffen habe. Und wer uns hierher gelotst hat.

Toni, der Jeepfahrer, heißt Antoni Canals und kommt aus Inca. Auch er ist Mitglied in der Züchtervereinigung.

Bei solchen Zufällen und Entwicklungen fragt man sich schon manchmal, wer das alles so lenkt und einfädelt, ohne unser eigenes Zutun.

Joan spürt wohl meine tiefe Müdigkeit. Er verabschiedet sich und wünscht mir eine gute Nacht.

Wenn du noch irgendwas brauchst, ruf' einfach an. Das sagt er noch zum Abschied.

Ich sortiere unsere Ausrüstung ein bisschen und lagere sie im hinteren Teil des Grundstückes. Weg von der Straße.

Paulo bekommt seine verdiente Ration Mais und ich mache mich ein wenig frisch, um ein Restaurant zu finden. Mein Hunger ist unbeschreiblich.

Da ich den Ort nicht kenne, muss ich etwas suchen. Am Ende lande ich in der Caféteria einer Sportanlage.

Dort geht gerade ein Kindersportturnier zu Ende. Mütter und Väter sammeln ihren aufgeregten Nachwuchs ein.

Das Personal in der Caféteria scheint mir ein bisschen genervt. Der Arbeitstag war wohl lang und stressig mit den kleinen Kunden.

Jetzt kommt noch ein hungriger Wanderer.

Warmes Essen gibt es nicht, aber ein Schinkenbrot könne man mir anbieten.

So die Auskunft des Mannes an der Theke.

Gut. Besser ein ordentlich belegtes Schinkenbrot als hungry wieder zum Zelt zurück zu gehen. Kalten Rosado gibt es auch. Da freut sich der ausgetrocknete Eseltreiber.

Mein Schinkenbrot ist schnell gegessen. Das zweite Glas Rosado schnell getrunken.

So richtig satt bin ich nicht, aber ich werde später noch einmal in meinen Proviantbeständen kramen.

Ich mache mich auf den Rückweg zum Nachtlager.

Als ich am Zugangstor ankomme, sehe ich gleich, dass Paulo Probleme hat.

Er steht wie festgenagelt an einer Stelle im hinteren Teil des Grundstückes und schlägt hektisch mit den Hinterhufen aus.

Ich renne über das lange Grundstück zu ihm hin.

Er hat sich mit einem Vorderfuß in einem Draht verfangen.

Teil eines alten Zaunes der hier umgekippt auf dem Boden liegt. Das einzige Hindernis auf dem ganzen Grundstück. Und genau da musste er hineintreten.

Jetzt kann er sich alleine nicht mehr befreien.

Da ist sein Meister wieder gefragt. Ich hebe seinen linken Vorderfuß kurz an und biege gleichzeitig das Drahtgeflecht zur Seite und hinunter. In zwei Sekunden ist er befreit aus seiner misslichen Lage.

Alleine hätte er es mit ziemlicher Sicherheit nicht geschafft.

Bei seinen Befreiungsversuchen wären Schnittverletzungen oberhalb des Hufs das Ergebnis gewesen.

Welch´ ein Glück, dass ich nur kurz zum Schinkenbrot essen weg war und nicht für ein mehrgängiges Abendmenü.

Mancor de la Vall bis Bunyola

Es ist Mittwoch, der 26. Juni.

Ich habe bestens geschlafen. Paulo hat das freie Laufen und Grasen auf dem großen Grundstück gut getan.

Wir sind für den neuen Tag gerüstet. Und das müssen wir auch sein.

Der neue Tag wird wieder anstrengend für Mensch und Tier!

Hatte der gestrige Tag uns ein ganzes Stück näher an Calvià gebracht; der heutige Tag steht dem in nichts nach. Mein Stalltrieb wird wieder ausgiebig befriedigt.

Das ungeplante Weiterlaufen bis Mancor hatte auch sein Gutes. Trotz des Umweges von mehreren Kilometern.

Aber alles wieder der Reihe nach.

Nach meinem Mini-Frühstück, zu dem es heute sogar einen heißen Tee gibt, bekommt Paulo seine morgendliche Fell-und Hufpflege und die Beladung geht los.

Inzwischen eine Routineangelegenheit.

Ich mache dabei keinen einzigen Handgriff zu viel und ich weiß genau, wo ich die Leinen etwas strammer anziehen muss.

Um halb neun sind wir unterwegs.

Zuerst müssen wir auf der Landstraße wieder ein Stück zurück laufen, um die Kreuzung mit der MA-2113 zu erreichen. Von dort geht es dann über Biniamar und Lloseta Richtung Alaró.

Wie es danach weitergeht, ist zu dieser frühen Stunde noch offen.

Ein genaues Endziel habe ich noch nicht für heute. Bunyola zu erreichen, wäre gut. Aber auch mit einem guten Lagerplatz an der Strecke dorthin würde ich mich zufrieden geben. Die Anstrengung von gestern steckt mir noch in den Knochen, und so nehme ich mir für heute keine Kilometerrekorde vor.

Das sind so meine Gedankenspiele beim Abmarsch aus Mancor.

Am Ende des Tages wird es aber ein Kilometerrekord. Der absolute Streckenrekord der ganzen Reise.

Kaum sind wir eine Viertelstunde gelaufen, treffen wir auf eine Gruppe Arbeiter, die die weißen Markierungen auf dem Straßenasphalt neu streichen.

Wo kommt ihr denn jetzt her? Vor ein paar Tagen haben wir euch bei Formentor gesehen und jetzt lauft ihr hier.

Die Jungs sind deutlich beeindruckt, nachdem ich ihnen von unserer Wanderung erzähle. Man sieht's ihnen an. Bewunderung steht in ihren Gesichtern.

Vielleicht wären sie auch gern mit uns gelaufen...

Um viertel nach neun erreichen wir Biniamar und es ist der Zeitpunkt gekommen für ein gutes Frühstück und vor allen Dingen einen guten *Café con leche*.

Paulo binde ich am Haus neben der Bar an.

Dort steckt noch ein alter rostiger Ring in der Wand, wo man früher die Mulis, Pferde oder Esel angebunden hat, wenn der Bauer ins Haus ging oder die Last ablud.

Boules de bestiá heißen diese Ringe auf Mallorquin.

An manchen älteren Häusern auf den Dörfern und sogar in der Altstadt von Palma findet man noch diese Relikte aus der Vor-Autozeit.

Ein deutscher Künstler, der in Cap de Pera auf Mallorca lebt, hat sogar einmal eine Fotoausstellung über diese Ringe gemacht.

Wann ist wohl an diesem Ring in Biniamar zuletzt ein Tier festgebunden worden?

Nun, er hat die Jahrzehnte gut überstanden, und so kann ich meinen Paulo vor Weglaufideen sichern und in Ruhe frühstücken.

Kaum sitze ich vor dem Café, kommt eine Gruppe Männer aus der Tür. Als sie Paulo sehen, ruft einer aus: Der Esel von neulich.

Es stellt sich heraus, dass auch sie zur Gruppe der Landstraßenmaler gehören und uns vor ein paar Tagen auf der Halbinsel von Formentor gesehen haben.

Schnell erzähle ich unsere Geschichte. Wieder die

ungläubigen Gesichtsausdrücke, während sie mich und Paulo von unten bis oben ansehen. Irgendwie zweifelnd.

Schauen wir nicht so aus, als könnten wir solche Wanderungen bewältigen?

Nach dem Frühstück geht es im guten Tempo weiter.

Um zehn Uhr verlassen wir in Lloseta die MA-2113 und gehen auf kleineren Nebenstraßen durch den Ort durch, um uns am Ortsausgang auf die MA-2110 einzufädeln.

Von Lloseta hätten wir auch auf dem Camì de Selva weiterlaufen können. Dicht an Binissalem vorbei. Ich entschied mich aber für die Route über Alaró.

Trotz der zusätzlichen Kilometer erschien mir das die schönere Alternative. Schon alleine der Landschaft wegen.

Nach einer guten halben Stunde kommen wir an dem großen Pferdehof Can Sec vorbei. Kurzfristig spiele ich mit dem Gedanken, nach einem Platz für Paulo zu fragen und hier einen Tag zu pausieren. Wir sind aber gerade richtig gut in Schwung und so bleibt es bei dem kurzen Gedanken.

Wir laufen weiter.

Rechts von uns liegt die Costa de Tofla und den Berg Putxet de Son Grau kann ich auch erkennen.

Gewandert bin ich hier in dieser Gegend bislang wenig.

Wollten wir hoch zum Refugio Tossals Verds, sind wir auf der holprigen Straße bis zur Possessió Son Ordines gefahren und dann von dort aus gestartet.

Kurz vor elf Uhr legen wir einen kurzen Stopp ein. Die Sonne meint es wieder gut und heizt das Land auf. Da muss man einfach öfter pausieren.

Kaum dass wir in einer kleinen Einfahrt anhalten, bekommen wir schon Besuch.

Eine große russische Familie in zwei Mietautos hält direkt vor uns an und möchte gerne Fotos machen. Sie scheinen auf Besuche bei Eseln vorbereitet zu sein.

Paulo bekommt eine Banane, abgepellt von einer der Töchter. Für mich Eseltreiber fällt auch noch eine ab. Die Schale muss ich aber selbst abziehen. Für mich macht die Tochter das nicht.

Wir sind voll in der Fotosession drin, als plötzlich ein grüner Landrover anhält. SEPRONA steht auf den Seitenwänden.

Vier uniformierte Beamte sitzen im Wagen und wollen wissen, was hier abgeht. SEPRONA ist so etwas wie die Abteilung Naturschutz von der Guardia Civil.

Der Beifahrer fragt mich, ob das mein Esel wäre und wo wir hin wollen. In einem etwas dienstlichem Ton, aber gleichzeitig mit einem Lächeln im Gesicht.

Die Frage ist eher aus Neugierde gestellt, denn aus dienstlichen Gründen. So ist mein Eindruck. Zu verbergen haben wir nichts. Verbotene Ladung liegt auch nicht auf Paulos Rücken. Wir sind in friedlicher Mission unterwegs.

Ja, es ist mein Esel und wir wollen nach Calvià, antworte ich ihm.

Das ist aber noch weit. So seine etwas ungläubige Antwort.

Ich kläre ihn schnell über unsere Route auf und dass wir

heute wohl nicht mehr bis Calvià kommen werden. Mit Bunyola wäre ich schon zufrieden.

Si, si, claro, claro. Das leuchtet ihm ein.

Die Männer auf den Hinterbänken im Landrover strecken ihre Köpfe nach vorne und hören gespannt zu. Wieder der überraschte Gesichtsausdruck bei allen.

Eine schnelle Verabschiedung und ein *buen camino* und der Landrover braust davon.

Meine russischen Touristen hielten sich aus der ganzen Unterhaltung heraus.

Wohl aus linguistischen Gründen und vielleicht auch, weil in ihrem Land die Zusammentreffen mit der Polizei anders verlaufen.

Wer weiß es?

Wir müssen weiter.

Die Landschaft zwischen Lloseta und Alaró ist von besonderer Schönheit.

Viele bearbeitete Felder und Pflanzungen liegen beidseitig der Straße.

Eine fruchtbare Gegend, so scheint es.

Selten bin ich hier unterwegs gewesen. Und wenn, dann nur im Auto.

Als wir eine Kreuzung mit einem Hinweisschild nach Orient erreichen, denke ich kurz an eine Kursänderung. Das Tal und das Dorf von Orient sind sehr schön, und bis

Bunyola ist es dann auch nicht mehr so weit. Bleiben wir doch lieber auf der geplanten Route, entscheide ich nach einigem Überlegen. Das Tal von Orient bereisen wir einmal in den nächsten Jahren.

Die Strecke zieht sich. Um zwölf Uhr erreichen wir endlich Alaró.

Fast verlaufen wir uns in dem Straßengewirr. Anhalten will ich hier nicht.

Nur möglichst schnell durch den Ort durch.

Bei meinen Zweifeln, in welche Gasse ich einbiegen soll, treffe ich auf einen älteren Herrn. Tomeu, wie er sich vorstellt. Er begleitet mich freundlich plaudernd ein paar hundert Meter, und so finde ich die Landstraße nach Consell. Schnell noch zwei Fotos Paulo mit Tomeu, und wir eilen weiter. Zu meinem Ziel Bunyola meint Tomeu nur: Da brauchst du bestimmt drei Stunden. Das war sehr optimistisch geschätzt.

Wir brauchen jetzt einen Rastplatz für die Mittagspause.

Gar nicht so einfach etwas zu finden. Alle Grundstücke an der Straße sind eingezäunt.

Wir müssen weiter. Paulo wird schon etwas renitent. Er hält häufig unvermittelt an und ich muss ihn zum Laufen animieren. Eine anstrengende Sache, alle paar Minuten einen lustlosen Esel zu ziehen.

Es ist fast dreizehn Uhr, als wir endlich eine kleine Mandelbaumplantage finden, wo wir lagern können.

Schatten gibt es leider wenig. Die Bäume sind alt und mit kleiner Krone. Bei manchen steht nur noch der Stamm. Andere Bäume mit ausladender Krone sind nicht in Sicht.

Was bleibt uns? Paulo trägt seit über vier Stunden die Ladung, und er braucht dringend eine Pause.

Will man im Hochsommer Schatten finden, bleiben einem nur die Feigenbäume mit ihrem dichten Blattwerk und der meist weiten Ausladung der Äste.

Unter Feigenbäume findet der müde Wanderer den perfekten Lagerplatz.

Sehen sie im Winter ohne Blätter mit ihren vielen graufarbigen Ästen und Zweigen etwas trostlos aus, liegt es sich im Sommer gut unter ihnen.

Johannisbrotbäume tun es auch, aber Feigenbäume sind die besseren Schattenspender.

Ich esse ein kleines Stück Brot mit Fuet. Ein paar Mandeln noch und ein bisschen Obst. Viel Hunger habe ich nicht bei der Hitze. Ich will mich nur ausruhen.

Nach anderthalb Stunden ist unsere Pause vorbei. Trotz mehrmaligem Positionswechsel unter meinem Mandelbaum finde ich keinen Schatten mehr.

Das Beste ist, wir laufen weiter.

Die Landschaft durch die wir jetzt laufen wird durch kleine Plantagen bestimmt. Mandelbäume zumeist. Einzelne Häuser stehen etwas abseits der Straße.

Es ist ein beschauliches Laufen. Keine Steigungen oder abschüssige Strecken.

Wenig Verkehr um diese Tageszeit.

So erreichen wir kurz nach drei Uhr nachmittags die Bar Franco außerhalb von Santa Maria.

Jetzt könnte ich doch eine Kleinigkeit essen.

Die freundliche junge Frau, die hier ihr kleines Kind auf dem Arm herumschleppt, brät schnell ein paar Rühreier mit Zwiebeln und Paprika für den hungrigen Gast. Das einfache Gericht schmeckt mir richtig gut.

Ein Sternerestaurant hätte es auch nicht besser gekonnt.

Aber wahrscheinlich trifft hier wieder die alte Weisheit zu: Hunger ist der beste Koch.

Zum Abschied die übliche Fotosession mit Kind und Kegel und Paulo als Hauptdarsteller. Streicheln hier und streicheln da.

Paulo lässt es ruhig dastehend über sich ergehen. Die ältere Tochter bringt noch schnell zum Abschied ein paar Möhren für mein geduldiges Langohr.

Hier bei der netten Mutter habe ich wieder neue Energie geschöpft.

Es kann weiter gehen Richtung Bunyola. Der Stalltrieb, der Stalltrieb...

Kurz hinter der Bar Franco kommen wir auf die vielbefahrene Straße zwischen Santa Maria und Bunyola, die MA-2020. Schmal ist diese Straße und da es kaum Kurven gibt, ist die Geschwindigkeit der Autos auf dieser Strecke entsprechend.

Zum Glück haben wir die richtige Tageszeit erwischt. Es ist Siesta-Zeit und es herrscht nur wenig Verkehr. Wir kommen heil und ohne Schreckensmomente durch.

So erreichen wir den großen Kreisverkehr zwischen der MA-2020, der MA-2040 und er MA-2030.

Wir folgen von hier ab der MA-2030. Auch weiter auf der MA-2020 laufen, würde uns zum Ziel bringen. Doch dann müssten wir durch Bunyola durch und es wären auch mehr Kilometer.

Ortsdurchquerungen mit Paulo sind immer nervig und Extra-Kilometer brauchen wir in unserem Zustand auch nicht.

Mein Wanderkumpel und Gepäckträger wird immer lustloser.

Fast sind wir im Stop and Go Rhythmus unterwegs. Eine anstrengende Fortbewegung für den Eseltreiber mit den ständigen Aufmunterungen an Paulo. Die Zieherei geht in die Knochen. Auch ich bin ziemlich schlapp.

Ich weiß aber, wo wir noch hin müssen und das gibt mir Auftrieb.

Nur, wie soll ich das meinem Paulo erklären? Mein Ziel ist ein Pferdehof dicht an der Straße von Palma nach Bunyola.

Vom Auto aus habe ich dort häufig die Pferde laufen sehen. Ich hoffe, es gibt dort einen Platz für Paulo. Für zwei Tage am besten.

Ich will uns einen Tag Pause gönnen. Der gestrige Tag und auch die heutige lange Strecke zehren an unseren Kräften. Da wird ein Tag Ausspannen gut tun.

Schauen wir mal, wie man uns dort empfängt. Angemeldet sind wir nicht. Die Idee, dort zu pausieren, kam mir erst heute Morgen.

Ich träume schon von einer Dusche und meinem Bett zu Hause.

So kommen wir im langsamen Tempo weiter und erreichen kurz nach siebzehn Uhr den Pferdehof Son Molina.

Es wurde höchste Zeit.

Paulo lebt zwar kurzfristig auf, als er all die Pferde sieht, aber der Energieschub wird nicht von Dauer sein.

Für heute muss Schluss sein. Wir sind 29 Kilometer gelaufen und haben damit noch den Rekord von gestern übertroffen.

Hier auf dem Pferdehof ist richtig was los.

Viele einzelne Kinder, Jugendliche und Mütter mit Kindern laufen hier hin und her.

Die Sommerferien haben vor zwei Wochen angefangen, und nun muss der Nachwuchs irgendwie beschäftigt werden. Da kann unser Kind ja reiten, denken sich viele Eltern. Besonders Mädchen sind leicht für Pferde zu begeistern. Bis dann im Alter von 16 plus die Begeisterung in eine andere Richtung läuft. Die Jungs werden interessanter als die Pferde.

Ich frage eine Frau, die uns auf dem Parkplatz entgegenkommt, nach dem Büro oder Besitzer oder irgendeiner Person, die ich fragen könnte wegen einer Unterkunft für Paulo.

Sie erklärt mir den Weg zum Büro und die Besitzer wären die beiden Miquels.

Paulo binde ich an einem Baum auf dem Parkplatz an. Von dort kann er sich das umtriebige Leben auf der Anlage ansehen und seine hufigen Kollegen auf den Paddocks beobachten.

Ich mache mich auf die Suche nach einem der Miquels.

Nach wenigen Augenblicken finde ich einen.

Das Treffen und das Gespräch mit dem ersten Miquel läuft bestens und in weniger als einer Minute sind wir aufgenommen.

Der Empfang hätte nicht besser sein können.

Der andere Miquel ist heute nicht anwesend, aber wir lernen uns morgen kennen.

Beide sind hilfsbereit und nett.

Paulo bekommt eine Box. Ich kann unsere Ausrüstung hier lagern.

Der harte Tag findet hier in Son Molina seinen verdienten Abschluss. Jetzt brauche ich nur noch einen Transporteur, der mich hier abholt und nach Hause fährt.

Ich rufe Jan an. Gut, wenn man zuverlässige Freunde hat. Ich schließe eben die Werkstatt ab, dann fahr´ ich los; so ist seine knappe Antwort auf meine Bitte, mich hier in Son Molina abzuholen.

Jetzt ist Zeit für ein kaltes Bier. Ein Feierabendbier. Perfekt, um die Wartezeit zu überbrücken.

Ich setze mich neben den Paddock und sehe den Reitschülerinnen beim Rundendrehen zu. Selbst ich als Laie sehe die großen Unterschiede bei den Schülerinnen.

Manche sitzen schon richtig elegant auf ihrem Pferd und bewegen sich flüssig; andere wieder scheinen das Tier zu bremsen in ihrer unsicheren Sitzposition.

Nach einer halben Stunde kommt Jan angefahren. Gemeinsam machen wir noch einen kurzen Abschiedsbesuch bei Paulo und ab geht's Richtung Heimat.

Ein Tag Ausruhen

Am nächsten Tag, es ist Donnerstag, der 26. Juni, fahre ich vormittags hinaus nach Son Molina, um nach Paulo zu sehen und einen Transporteur für die Strecke vom Reitstall bis nach Esporles zu finden.

Einen Anhänger für Paulo und eine Fahrgelegenheit für mich.

Dazu eine kurze Erklärung:

Die Straße, die vom großen Kreisel bei S´Esglaieta nach Esporles führt, ist über lange Abschnitte sehr, sehr schmal.

Ohne Radfahrweg, Fußweg oder einen Seitenstreifen. Es gibt keine Schutzzone für nicht Motorisierte.

Der Verkehr ist aber den ganzen Tag über beachtlich.

Dort zu laufen will ich mir und Paulo nicht zumuten. Ist mir einfach zu gefährlich.

Daher habe ich beschlossen, diesen Abschnitt nicht auf eigenen Füßen mit ihm zurückzulegen. Wir brauchen eine Fahrgelegenheit, einen Transporteur.

In Son Molina hat man derzeit keinen freien Hänger. Auf Menorca findet ein Springderby statt und dort sind die Hänger alle.

Ein paar Telefonate des anderen Miguels, den ich heute kennenlerne, führen auch zu nichts. Es sieht so aus, dass alle Pferdetransporteure mit ihren Hängern auf der Nachbarinsel sind.

Da fällt mir der Reitstall von Son Gual in Establiments ein. Dort hatte ich Paulo einmal eine Nacht stehen lassen bei einer Wanderung von Calvià nach Esporles. Vielleicht findet sich dort jemand, der den kurzen Transport durchführen kann.

Ich fahre direkt von Son Molina nach Son Gual.

Dieser große Reitstall liegt außerhalb Establiments an der Straße nach Puigpunyent. Keine zwanzig Minuten Fahrt von Son Molina.

Dort treffe ich auf einen jungen Mann, der mir auch gleich helfen kann.

In meinem Beisein ruft er einen Transporteur an; und der hat auch Zeit.

Für morgen zehn Uhr in Son Molina verabreden wir uns mit Juan-Alberto.

Damit ist auch das Problem gelöst.

Für heute habe ich nichts weiter zu tun. Ich fahre nach Hause und ruhe mich aus.

Weiter nach Sobremunt

Um acht Uhr am nächsten Morgen bin ich schon in Son Molina.

Heute ist Freitag, der 28. Juni.

Paulo ist unruhig und will mit aller Macht aus seiner Box. Nach der vielen Lauferei jeden Tag jetzt plötzlich in einer engen Box eingesperrt zu sein, war nicht so das Richtige für ihn. Dazu gibt es hier Fliegen ohne Ende. Ständig schlägt er seinen Kopf hin und her. Sein Schwanz steht keine Sekunde still. Der Miquel von heute gibt uns erstmal Insektenspray, damit Paulo sich wieder etwas beruhigt.

Ich binde ihn draußen auf dem Vorplatz an. Dort kann er zumindest das Leben auf der Anlage beobachten. Laufen kann er später noch genug.

Unser heutiges Ziel ist die Finca Ca Na Luisa in Sobremunt oberhalb von Esporles.

Dort wohnt Fritz mit Frau und Tochter, ein alter Freund aus meiner aktiven Zeit auf Yachten.

Bei ihm habe ich mich schon vor ein paar Tagen angemeldet. Von dort nach Calvià ist es dann nicht mehr weit. In vier bis sechs Stunden lässt sich die Strecke bewältigen. Dazu geht es am Anfang immer schön bergab.

Vor ein paar Jahren habe ich Fritz und Helen schon einmal mit Paulo besucht.

Im Winter sind wir von Calvià über Establiments nach Sobremunt gelaufen.

Paulo blieb eine lange Woche zu Besuch dort oben auf 550 Metern.

Während seines Aufenthalts brach eine Kältewelle über Mallorca ein und so hat Paulo seinen ersten Schnee auf der Finca Ca Na Luisa kennengelernt. Doch vor Kältewellen und Schneeeinbruch brauchen wir heute keine Angst zu haben.

Jetzt frühstücke ich erst einmal in der kleinen Caféteria von Son Molina. Später müssen wir mehrere Kilometer bergauf laufen. Da ist eine gute Unterlage wichtig.

Mit Miquel unterhalte ich mich noch ein bisschen.

Er schreibt dann noch ein paar schöne Worte in mein Buch und einen Stempel gibt es auch in Son Molina. Viajeros muy especiales y que tienen las puertas de Son Molina abiertas; so schreibt er hinein. Besondere Reisende finden immer eine offene Tür in Son Molina; so übersetze ich es einmal.

Eine Übernachtung hatte man uns umsonst gelassen. Das war das Geschenk der Miquels für den hombre con espiritu. Für die zweite Nacht habe ich dann meine üblichen zwanzig Euros auf den Tisch gelegt.

Kurz vor zehn Uhr suche ich unsere Ausrüstung zusammen.

Die habe ich schon etwas ausgedünnt. Für die letzten zwei Tage brauchen wir nicht mehr alles mitzuschleppen.

Pünktlich um zehn Uhr kommt Juan-Alberto angefahren. Ein großer Toyota Jeep als Zugmaschine und ein geräumiger Hänger für Paulo. Alles perfekt.

Mein Wanderkumpel ist aber nicht sehr angetan von dem Hänger. Zwanzig Minuten brauchen wir zu dritt, um ihn in den Hänger zu bekommen. Es ist ein harter Akt.

Paulo ist nur einmal im Hänger transportiert worden. Als ich ihn seinerzeit in Banyalbufar gekauft hatte, wurde er vom Züchter nach Calvià gebracht.

Vielleicht war bei ihm eine Art Hänger-Trauma zurückgeblieben.

Die Fahrt bis zur Straße nach Es Verger etwas außerhalb von Esporles dauert nur knappe zwanzig Minuten.

Kaum, dass Juan-Alberto die Hängertür aufmacht und ich den Strick vorne löse, springt Paulo in einem Riesensatz rückwärts von der Ladefläche.

Gut, dass keiner im Wege stand.

Juan-Alberto erhält seine Bezahlung und wir verabschieden uns.

Jetzt bekommt Paulo seine verdiente Fellpflege. Eine besonders intensive Bürstung.

Aus den Fenstern der umstehenden Häuser, alle der etwas besseren Kategorie, schauen schon die ersten Leute. Muss man doch mal kontrollieren, was sich so vor der eigenen Haustür abspielt.

Es kommt aber keiner der Nachbarn zum Fragen nach dem Wohin und Woher.

Nach zwanzig Minuten sind wir startbereit und es geht los.

Paulo hat es wieder sehr eilig. Bei der bergan Lauferei komme ich kaum mit und ich muss ihn häufig bremsen. Die zwei Tage Pause in Son Molina haben ihm seine Energie zurückgegeben und er ist wieder ganz der Alte.

Am liebsten würde er vorweg laufen und führen.

So kommen wir gut voran auf der schmalen Straße, die hier durch eine ruhige, bergige und wunderschöne Gegend führt.

Rechts zweigt ein Weg ab hoch zum Kloster Maristella.

An Son Malferit geht es vorbei. Am Landhotel Posada del Marqués.

An den Ländereien der schönen Öko-Finca Es Verger laufen wir entlang.

Mit der Kulturgruppe aus Calvià sind wir hier einmal zu Besuch gewesen. Haben den Weinkeller und die Ölmühle besichtigt. Es lohnt sich, dort vorbeizuschauen.

Eile ist heute nicht angesagt. Wir haben alle Zeit auf Erden. Meinen Stalltrieb habe ich heute unter Kontrolle.

Fritz und seine Frau Helen sind vor Spätnachmittag nicht zu Hause.

Wir lassen das Tor auf und ihr könnt direkt auf die Finca. Das hatte Fritz mir gestern noch am Telefon gesagt. Das Handy funktioniert nicht hoch oben in Sobremunt.

Ab jetzt ist keine Kommunikation mehr möglich.

Direkt an der Straße finde ich einen gerade abgeholzten, freien Platz. Dort halten wir an und machen Mittagspause.

Kaum, dass wir uns niedergelassen haben, höre ich lautes Rufen von weiter oben.

Ein Mann winkt ganz aufgeregt. Was will der denn?

Ist es sein Land, wo wir lagern und will er uns wegscheuchen?

Ich stelle mich mal taub. Wir bleiben. Wenn uns jemand wegjagen will, so soll er herkommen und nicht von weitem schreien.

Irgendwann hört die Winkerei dann auch auf.

Ich überlege, ob ich hier vielleicht jemanden kenne. Mir fällt aber niemand ein.

Kurz vor vierzehn Uhr sind wir wieder unterwegs.

Nach zehn Minuten weiß ich auch, wer dort so laut gerufen hat.

Alejandro. Ein ehemaliger Mitarbeiter aus der Yachtindustrie.

Ich hatte ihn über die Entfernung nicht erkannt und wusste auch nicht, dass er hier in den Bergen von Esporles lebt.

Es gibt ein großes Hallo.

Er hatte uns die ganze Zeit beobachtet, um uns beim Vorbeigehen zu begrüßen.

Mit seinen Kindern steht er jetzt an der Straße.

Seine ältere Tochter bringt noch einen Eimer Wasser. Paulo nippt wieder nur daran. Die Leute sind dann immer ein bisschen enttäuscht, wenn Paulo das angebotene Nass nicht gleich in vollen Zügen schluckt.

Er ist eben sehr eigen, was das Saufen angeht. Ich weiß auch nicht warum.

Links unterhalb von uns sieht man die Urbanización Es Verger. Schöne Häuser liegen hier gut versteckt am Berghang.

Ein paar hundert Meter weiter hoch an der Straße fängt ein dunkler Wald an.

Wir sind auf der Schattenseite der Serra, und da wachsen die Steineichen.

Dort, wo Steineichen dicht an dicht stehen, ist es immer etwas dunkel und manchmal unheimlich.

Als ich vor ein paar Jahren hier das erste Mal mit Paulo wanderte, um Fritz zu besuchen, blieb er auf dieser Strecke häufig stehen und guckte angestrengt und konzentriert schnuppernd nach beiden Seiten, als wenn er etwas suchte.

Vielleicht hat er damals jeden Moment auf den Überfall eines wilden Raubtieres gewartet. Wer weiß?

Inzwischen ist er ein erfahrener Wanderer und dunkle Wälder beunruhigen ihn nicht mehr. So erklimmen wir langsam, aber stetig die Höhenmeter nach Sobremunt.

Wenn man die Höhe erreicht hat, lichtet sich der Wald. Links am Weg steht ein Wohnhaus. Rechts ein damals unbearbeitetes Feld.

Um viertel nach drei erreichen wir das Tor zur Finca Ca Na Luisa.

Wie von Fritz versprochen, ist das Tor unverschlossen.

Da ich schon ein paar Mal hier zu Besuch war, weiß ich, wo wir lagern können.

Es wird heute unser letztes Lager während der Reise sein.

Nachdem ich Paulo von der Last befreit habe, lasse ich ihn frei grasen. Ich setze mich ins Gras und lasse so ein bisschen die letzten Tage Revue passieren, wie es so schön heißt.

Alles gut gelaufen. Fast möchte ich mir selber auf die Schulter klopfen.

Wir haben unser Ziel, das Kap Formentor erreicht. Wir sind sogar wieder zu Fuß zurückgegangen. Hatten uns also nicht total verausgabt bei der Hinreise.

Haben mit unseren Kräften gut Haus gehalten.

Auch ein Zeichen, dass wir eine gute körperliche Kondition haben. Lassen wir die zeitweiligen „Schwächeanfälle" einmal außen vor. Wohl normal bei der Lauferei und den hohen Temperaturen, die wir aushalten mussten.

Es ist kein Unfall passiert. Paulo ist mir kein einziges Mal ausgerissen; hat keinen Fluchtversuch unternommen. Er vertraut mir.

Ich ersetze ihm die Herde. Zumindest für einige Zeit.

So sinniere ich ein bisschen vor mich hin, als ich Autogeräusche höre.

Helen und Fritz kommen.

Ein großes Hallo. Helen habe ich bestimmt ein Jahr nicht mehr gesehen.

Fritz und ich trinken ganz gelegentlich einmal einen Café im Club de Mar. Er ist einer der letzten alten Kollegen aus meinem Arbeitsleben hier auf Mallorca, zu denen ich noch Kontakt habe. Ich habe mich aus der Yachtindustrie völlig zurückgezogen.

Fritz zeigt mir jetzt das Bad im Gästehaus. Hier kann ich ausgiebig duschen.

Ich könnte hier auch übernachten. Das will ich aber nicht.

Die letzte Nacht unserer Reise will ich draußen bei Paulo schlafen. Da will ich ihn nicht alleine auf der dunklen Weide lassen...

Das verstehen meine beiden Gastgeber.

Ich verbringe einen schönen Abend in der Gesellschaft von Helen und Fritz.

Es war schon so etwas, wie das Ende der Reise feiern.

Von Sobremunt nach Calvià, der Endspurt

Heute ist Samstag, der 29. Juni.

Nach meiner letzten Nacht im Zelt frühstücken wir gemeinsam in der Küche des geräumigen Hauses.

Fritz schreibt noch ein paar sehr liebe Worte in mein Buch.

Ich lasse es auch heute wieder ruhig angehen.

Mit Jan bin ich für elf Uhr verabredet. An einem Punkt weiter unten, wo der Weg von Sobremunt auf die Landstraße von Palma nach Puigpunyent trifft.

Die Strecke geht fast nur bergab und da dürften wir in einer Stunde bis maximal anderthalb Stunden bequem unten ankommen.

Es ist gerade einmal halb neun. Zeit ist also genug.

Wieder eine herzliche Verabschiedung. Fritz beschließt dann kurzfristig, noch ein Stück mit uns zu laufen.

Nach zwanzig Minuten an unserer Seite verabschiedet er sich und Paulo und ich sind wieder alleine unterwegs.

Das letzte Stück der langen Reise hat begonnen. Der Endspurt.

Die Straße ist löcherig, und man muss gut aufpassen, um nicht zu stolpern. So geht es im gemütlichen Tempo Kurve um Kurve abwärts. Autoverkehr praktisch null.

Einmal müssen wir anhalten. Die Ladung ist Paulo fast auf den Hals gerutscht.

Ich hatte mal wieder die Befestigungsleinen zu nachlässig angezogen und jetzt bei dem bergab Lauf hatte sich alles ein bisschen verschoben. Am Ende bleibt mir nichts anderes übrig, als alles abzuladen und neu zu arrangieren. Und das auf den letzten paar hundert Metern.

Kurz vor elf Uhr erreichen wir eine freie Wiese. Einen halben Kilometer vor der Hauptstraße. Ich rufe Jan an und bitte ihn, dass er hierher kommen soll und wir das weitere Vorgehen besprechen.

Ich hatte schon vorher beschlossen, Paulo von seiner Last zu befreien. Er sollte die letzten Kilometer bis Calvià locker und befreit laufen können.

Ein paar Minuten später kommt Jan angefahren.

Wir erlösen Paulo rasch von seiner Last und laden das ganze Gepäck in Jans Wagen.

Ich bürste noch kurz Paulos verschwitztes Fell und er bekommt von Jan einen Eimer Wasser hingestellt.

Wir entscheiden, dass ich Paulo noch das Stück auf der vielbefahrenen Hauptstraße, der MA-1041, führe. Wenn wir die Abzweigung nach Calvià erreichen, übernimmt Jan dann den Führstrick von Paulo.

Mir bleiben so noch eine gute Viertelstunde Lauferei. Dann

kann ich mich in Jans´ Auto setzen und mich ausruhen.

Ich werde die Strecke bis Calvià in seinem Auto fahren.

Jan möchte auch gerne einmal ein längeres Stück mit Paulo laufen. Nie hatte er Zeit. Heute ist daher eine gute Gelegenheit zum Üben.

Zwölf Kilometer sind es auf der MA-1016 von der Abzweigung an der MA-1041.

Da kann Jan ausgiebig Eselführen praktizieren.

Die letzten paar hundert Meter durchs Dorf hindurch übernehme ich dann wieder Paulos Führung.

So sprechen Jan und ich uns ab.

Ich fahre jetzt langsam auf der MA-1016. Genieße das Autofahren.

Gelegentlich halte ich an. Warte, bis Jan mit Paulo angelaufen kommt.

So arbeiten wir uns langsam nach Calvià.

Wir haben das Gemeindegebiet schon erreicht, kurz nachdem wir auf die MA-1016 abgebogen sind. Hier treffen die Gemeinden Puigpunyent und Calvià zusammen.

Wir kommen über den *Coll dels Tords*, den Drosselpass.

Eine kurvige Straße und dunkler Wald an beiden Seiten.

Wir lassen die Abzweigung der Straße zum *Coll de Sa Creu*, die von hier direkt nach Palma führt, links liegen.

Oberhalb der Straße liegt die große Possessió Vall de Urgent mit Hunderten von neu angepflanzten Olivenbäumen. Oder sind es Tausende?

In gerader Linie ziehen sich die relativ niedrigen Bäume den Hang hoch.

Bei ihrer Größe ideal zum maschinellen Ernten.

Die strapaziöse, traditionelle Erntemethode, mit meterlangen Stöcken gegen den Baum schlagen, damit die kleinen Früchte abfallen, ist nicht mehr nötig.

Der relativ leichte elektrische Rüttler, gehalten vom Erntearbeiter, lässt die Oliven beim Herüberstreichen schier abspringen.

Einsammeln muss man sie dann aber immer noch manuell und dabei den Rücken beugen.

Rechts taucht die Possessió Es Burotell auf mit den großen weißen Gebäuden.

Eine Granja Escola. Mit Lehrbauernhof übersetze ich es einmal.

Umgeben von vielen Hektar Land und mit Eseln, Pferden, Kühen, Ziegen, Schafen und Geflügel. Sogar einen Vogelstrauß hält man hier.

Kinder können hier in der ländlichen Umgebung spielen und auch tageweise bleiben.

Mehrere einfache Schlafsäle, herbergsmäßig, stehen den Gästen zur Verfügung.

Hochzeiten und Geburtstage kann man in den großen Räumlichkeiten feiern.

Eventlocation wäre vielleicht die moderne Bezeichnung für das Anwesen.

Direkt gegenüber liegt die große Transformatorenstation der Elektrizitätswerke.

An hohen Strommasten mit dicken Hochspannungskabeln wird die so dringend benötigte Energie an die Küste nach Peguera, Santa Ponça und Andratx geführt. Diese Stahlkonstruktionen nehmen dem Tal so ein bisschen die stille Schönheit.

Aber ohne Elektrizität geht's eben schon lange nicht mehr.

Danach kommt bereits die Schlucht der sieben Kurven.

Eingeklemmt ist die Landstraße vom knapp vierhundert Meter hohen Puig de Benàtiga und den Ausläufern des Pla de n´Estarelles.

Ein dunkler Streckenabschnitt. Beidseitig mit Steineichen bewachsen.

Nur wenige Pinien und wilde Olivenbäume konnten sich hier durchsetzen.

Jedes Mal, wenn ich hier durchfahre, werde ich an den Schwarzwald erinnert.

Bei der verlassenen Finca Benàtiga Vell kommt man aus der dunklen Schlucht heraus und die Sonne ist wieder zu sehen.

In der langen Kurve bei Son Boronat, dem kleinen Agroturismo Hotel, ein paar Hundert Meter links von der Straße an den Hängen der Serra de Na Burguesa gelegen, wird Jan müde.

Übernimm´ du mal wieder, bittet er mich.

So übernehme ich wieder den Führstrick.

Drei Kilometer sind es jetzt noch zu Laufen.

Am großen Hinweisschild zum Hotel Son Boronat steht: „Our home is your Hotel".

Besser und gästefreundlicher würde es klingen, stünde da: „Our Hotel is your home".

Sollte ich den Besitzern vielleicht einmal sagen.

Einige Minuten später kommen die auf einem kleinen Hügel liegenden Häuser der Possessió von Son Roig in Sicht.

Das ist schon fast Calvià Vila.

Heimatliches Land....

Um kurz vor halb drei erreichen wir das Ortsschild von Calvià.

Die Kirche mit den beiden Türmen grüßt von weitem.

Wir laufen am Reitstall von Es Pas vorbei.

Normalerweise bremst Paulo hier immer ab, um sich die Pferde anzusehen.

Keine Pferde sind in Sicht. Der Paddock ist leer.

Paulo verlangsamt nicht einmal den Schritt.

Nach weiteren zwanzig Minuten sind wir am Parkplatz des Friedhofs von Calviá.

Hier warten Jan und Kevin auf uns.

Gemeinsam laufen wir die letzten Meter zum Eselland hinunter.

Die Reise von Calvià nach Kap Formentor hat ein Ende. Wir sind wieder zu Hause.

Kevin reicht mir eine Dose Bier.

Schön kalt.

Ein paar Anmerkungen zu unserer Route und den gelaufenen Wegen

Einige Leser mögen sich vielleicht gewundert haben, warum wir so häufig auf den Bundesstraßen unterwegs waren und nicht auf den ruhigeren und sicher landschaftlich an vielen Strecken auch schöneren Wanderwegen.

Es ging leider nicht anders. Wegen meines Packtiers Paulo. Er kann nicht klettern.

Auf den ausgeschilderten Wanderwegen trifft man immer irgendwo auf verschlossene Gatter oder Tore, die, wenn man Glück hat, über eine seitlich angebrachte Leiter überstiegen werden können. Manchmal fehlen auch die Leitern und man muss über die Mauern klettern.

An solchen Hindernissen geht es dann nicht weiter für Paulo.

Das habe ich bei unseren ersten Wanderungen mit ihm in der weiteren Umgebung von Calvià, Galilea und Estellencs mehrmals erlebt.

So bin ich dahin gekommen, mit Paulo einen großen Teil der Strecken auf den Landstraßen zurückzulegen. Was nicht immer schlecht sein muss.

Paulo zieht Asphalt einem Schotterweg vor.

Dazu kommt, dass man auf den Landstraßen selten große Steigungen überwinden muss. Der Anstieg ist zumeist bequemer als auf den Wanderwegen.

Auch wenn die Höhenmeter am Ende gleich sind.

Es ist die Aufgabe des Eselführers, für sein Packtier den bequemsten Weg zu nutzen. Auch wenn dies nicht immer die schönste oder romantischte Route sein mag.

Das Tier hat die schwere Last zu tragen. Nicht der Führer.

Als ich im Sommer 2009 an einer geführten Wanderung mit Eseln in den Cévennen in Südfrankreich teilgenommen habe, war es einfacher, mit den Vierbeinern unterwegs zu sein.

In den Cévennen existiert eine ausgebaute Infrastruktur für Eselwanderungen.

Es ist dort eine gut entwickelte Nische im Touristengeschäft.

Der Stevenson Trail/GR-70 ist der bekannteste Eselwanderweg in den Cévennen.

Die Herbergen (Gites) und Wege sind auf Wandergruppen mit Eseln als Packtiere eingerichtet.

Gatter und Tore sind nie verschlossen.

Die Herbergen verfügen über kleine Weiden. Es gibt Tränken und es wird Futter für die Esel bereitgehalten.

Davon können wir auf Mallorca nur träumen.

Aber vielleicht ändert sich das in absehbarer Zeit, und auch wir können über die Insel wandern, ohne auf Landstraßen ausweichen zu müssen.

Lesenswert zum Stevenson Trail ist sein kleines Buch „Travels with the Donkey in the Cévennes".

Die deutsche Ausgabe ist unter dem Titel „Reise mit dem Esel durch die Cévennen" erschienen.

Der berühmte schottische Schriftsteller wanderte im Jahre 1878 mit der kleinen Eselin Modestine 192 Km in 12 Tagen. Leider hatte er keine Erfahrung mit Eseln und entsprechend dramatisch und abenteuerlich verlief die Reise.

Mich hat dieses Buch vor vielen Jahren zum Einstieg in das Eselhobby und letztlich auch zu unserer Reise von Calvià nach Kap Formentor inspiriert.

Ich hatte aber nur einen Bruchteil der Schwierigkeiten mit Paulo wie Stevenson sie mit seiner Modestine durchmachen musste. Die Reise damals muss für seine kleine Eselin eine Quälerei gewesen sein.

Aber steigen wir nicht zu sehr in längst vergangene Abenteuer anderer Leute ein.

Stevenson war einfach ein besserer Schriftsteller als Eseltreiber...

Das Buch ist für mich ein kleines literarisches Juwel.

Da ich Paulo nicht zu schwer beladen will, kann ich die Wanderungen nur mit Hilfe von Freunden durchführen. Meinen Logistikpartnerinnen.

Die uns mit Wasser, Futter für Paulo und Proviant und frischer Wäsche für mich versorgen.

Das hat dazu noch die angenehme Seite, dass man sich auf das Treffen freut.

Die „Zubringerfreunde" freuen sich auch. So kommen sie aus dem Alltagstrott heraus. Man kann dann bei einem Bier oder einem Glas Wein die Erlebnisse der Reise austauschen und ich erfahre gleichzeitig, was zu Hause so passiert. Letzteres nicht lebenswichtig für mich, aber immer interessant.

Unsere Rückwanderung vom Kap Formentor war leider zu sehr vom Stalltrieb geprägt.

Jetzt, rückblickend betrachtet, war das eilige Zurücklaufen nach Calvià ein Zeichen schlechter Planung. Deutlicher ausgedrückt: Ich habe es überhaupt nicht geplant, sondern bin mit meinem Paulo einfach nur gelaufen und gelaufen.

Planlos, ziellos nicht. Ich wollte einfach schnell zurück nach Calvià.

Als ich Gittes Haus nicht fand, entwickelte sich eine unselige Dynamik, die uns antrieb.

Wir hätten uns deutlich mehr Zeit lassen und die kleinen Dinge am Weg mehr genießen sollen.

Vielleicht wäre eine Übernachtung auf der Finca von Peter Maffay und eine weitere bei der Bar Franco gut gewesen. Gut für Paulo und gut für mich.

Aber wenn einen der Stalltrieb packt - dann gibt es kein Halten mehr.

Den Ausspruch: „Der Weg ist das Ziel", hatte ich völlig vergessen oder verdrängt.

Oder, wie schrieb es Stevenson in seinem Buch über seine Reise mit *Modestine: the pleasure of the thing was substantive* – die Freude an der Sache ist wesentlich.

Für meine späteren Eselwanderungen war es mir eine nachhaltige Erfahrung.

Ein paar Worte noch zur gewählten Jahreszeit. Der Juni ist schon nicht mehr die perfekte Jahreszeit zum Wandern auf Mallorca. Das wusste ich natürlich vorher.

Ich bin aber sehr kälteempfindlich. Ich halte es mit dem mallorquinischen Spruch: „Lieber den Schweiß abwischen, als vor Kälte zittern".

Das feucht-kalte norddeutsche Klima ist einer der Gründe, warum ich von Hamburg nach Mallorca gezogen bin.

Ich bin zwei Jahre nach der hier im Buch beschriebenen Reise einmal im Mai mit Paulo auf Tour gegangen.

Von Bunyola durch das Tal von Orient hoch zum Castell d´Alaró und zurück nach Bunyola. Eine Woche waren wir damals unterwegs. Davon allerdings drei schöne Tage Aufenthalt im Castell bei Miriam und Nacho zum Entschleunigen.

Gelaufen sind wir also eher wenig.

Mächtig gefroren habe ich die Nächte beim Biwaken im feuchten Tal von Orient.

Richtig kalt war es.

Der Juni ist für mich somit der bessere Monat für die Jahreswanderungen mit Paulo.

Die jährlichen Reisen wähle ich auch ein bisschen nach dem Mondkalender aus.

Nicht, weil ich mondsüchtig oder der Meinung bin, bei bestimmten Mondphasen hat der Mensch eine bessere körperliche und/oder seelische Verfassung, sondern weil es dann nachts sehr hell ist.

Fast kann man bei Vollmond nachts ohne Taschenlampe lesen...

Unsere Helfer am Wegesrand

Vor Beginn der langen Wanderung hatte ich mit meinen langjährigen Freundinnen Anita und Loli und meinem Freund Jan abgemacht, dass sie mich gelegentlich besuchen und dabei dann frische Wäsche und Proviant für mich und Körnerfutter für Paulo mitbringen würden.

Das hat auch allerbestens geklappt.

Das war also eine Hilfe unter Freunden.

An dieser Stelle noch einmal ein großes Dankeschön!

Nach Abschluss unseres Abenteuers bin ich häufig gefragt worden, ob ich unterwegs überall ausreichend Unterstützung erfahren und Hilfe bekommen hätte.

Ja, habe ich!

Oder besser wir.

Ohne diese, oft ganz spontane Hilfe am Wegesrand, von mir bis dahin völlig fremden Menschen wäre die Reise so nicht abgelaufen.

Wäre nicht so ein tolles Erlebnis und so ein Erfolg geworden.

Es waren Rat und Tat und Unterstützung, die uns angeboten wurden, ohne dass ich viel darum bitten oder fragen musste.

Sie ging zumeist von den Menschen aus, denen wir begegnet sind.

Ganz sicher hat Paulo einen großen Teil der Sympathien bei den Menschen geweckt. Er war unser „tierischer Türöffner", wie Stephanie Schuster von der „Mallorca Zeitung" so schön in einem Artikel über unsere Reise schrieb.

Esel sind positiv besetzte Geschöpfe. Niedlich würde mancher vielleicht sagen.

Paulo bei seiner Größe hat für mein Empfinden allerdings nichts Niedliches an sich.

Bei fast allen Menschen, denen ich begegne, wenn ich mit Paulo unterwegs bin, löst er ein Lächeln aus. Nicht nur auf der Reise zum Kap Formentor.

Und das wird mit anderen Eseln genauso sein.

Besonders Kinder und Esel verstehen sich auf Anhieb gut. Paulo verhält sich in Gegenwart von Kindern immer ganz besonders ruhig.

Mit einem Pferd als Packtier wäre dieser Effekt ganz sicher nicht so ausgeprägt.

Pferde flößen den meisten Menschen Respekt ein. Oft auch Angst.

Ist man als Reiter unterwegs, ist es eine völlig andere Art der Begegnung.

Reiter und Fußgänger oder Wanderer sind nicht auf derselben Höhe.

Der Reiter sieht zwangsläufig auf den Menschen zu Fuß hinab.

Es geht gar nicht anders.

Die Rollenverteilung ist damit sofort eine andere. Ob gewollt oder nicht. Es ist so.

Wer waren die Menschen, die uns unterstützt und geholfen haben?

Bis auf ganz wenige Ausnahmen waren es Mallorquiner.

Einheimische, die mich auf den ersten Blick immer für einen Mallorquiner hielten und dann, wenn sie mich als Ausländer erkannten, nicht wenig überrascht waren.

Das Angebot der Unterstützung blieb aber bestehen.

Selbst die exzentrische Mallorca-Kritikerin George Sand schreibt, ziemlich zum Ende ihres Winterbuches: *„Alle Reisenden, die das Innere der Insel besucht haben, waren jedoch über die Gastlichkeit und Uneigennützigkeit des mallorquinischen Bauern entzückt"*.

Dem kann ich mich nur anschließen.

Habe ich andere Leute mit einem Packtier als Begleiter getroffen? Nein.

Ich kenne auch niemanden außer Gori in Biniaraix und Nacho und Miriam, dem Pächterpaar vom Refugio Castell d´Alaró, die regelmäßig Esel für den Warentransport nutzen.

Ich kann mir aber gut vorstellen, dass im Barranc von Biniaraix noch der eine oder andere Anwohner ein Tragetier für gelegentlichen Materialtransport nutzt.

Von der großen Possessió Son Moragues bei Valldemossa weiß ich, dass man mit Eseln Materialtransport durchführt. Persönlich gesehen habe ich es aber nicht.

Auf einem Weingut in Porreres wurde vor Jahren ein Teil der Anbauflächen mit Maultieren und Pferden bearbeitet.

Es gibt einige Unentwegte, die Landarbeit wie pflügen, eggen oder andere Bodenarbeit wie die Aussaat mit Tierzug durchführen. Nie aber als Broterwerb.

Immer nur als Hobby. Aus Spaß an der Sache. Um Traditionen aufrecht zu erhalten.

In den Touristenzentren von Santa Ponça und Peguera gab es über viele Jahre einen Eselführer. Sein Tier trug Tragekörbe, die mit Tongeschirr beladen waren.

Billiges Souvenirsteinzeug wie Tassen, Becher und Teller.

Gut in Erinnerung ist mir noch sein ständiges Pfeifen auf einer kleinen Tonpfeife, einem sogenannten Siurell.

Ein bisschen zur Geschichte des Warentransportes auf Mallorca mit Packtieren

Bei der Route, die Paulo und ich gewandert sind, handelt es sich um keine uralte, früher viel begangene Strecke.

Regelmäßiger Warentransport zwischen Calvià und Pollença fand meines Wissens nach nicht statt. Und keiner der von mir befragten Mallorquiner wusste von einer solchen Route.

Was in Calvià hergestellt oder angepflanzt wurde, konnte man genauso gut in Pollença herstellen oder anpflanzen.

Mussten einmal größere Materialladungen von einem Ende der Insel zum anderen transportiert werden, so erfolgte das über See auf Schiffen. Das ging bei dem fehlenden oder schlecht ausgebauten Wegenetz immer noch schneller als durch die Berge. Trotz der relativen Langsamkeit der Segelschiffe.

Warentransport mit Packtieren auf Mallorca war, bis auf wenige Ausnahmen, nur ein lokaler Verkehr.

Von Erzählungen älterer Leute aus Calvià weiß ich, dass man noch bis in die fünfziger Jahre des 20. Jhd. hinein Brennholz mit von Maultieren gezogenen Karren nach Palma brachte.

Die Bäckereien heizten ihre Backöfen noch mit Holz und davon brauchten sie reichlich. Das trockene und in *Faixinas* sortierte Holz wurde dann von Calvià über Palma Nova, Portals und Cas Català nach Palma gefahren.

In Cas Català wurde eine erste große Pause gemacht.

Dort gab es einen Gasthof für die Kutscher. Eine Fonda. Der Besitzer war Katalane und so nannte man die Fonda Cas Català.

Über Cala Major und El Terreno ging es dann weiter nach Palma.

War das Holz abgeliefert, ging es noch am selben Tag zurück nach Calvià.

Mensch und Tier wussten dann bei ihrer Rückkehr im Dorf, was sie geleistet hatten...

Manche Holzlieferanten nutzten auch die Straße von Calvià Richtung Puigpunyent über den Coll des Tords. Die heutige MA-1016.

Von dort ging es dann weiter über Establiments. Das hing ein bisschen davon ab, wo die Kunden in Palma ihre Backstuben hatten.

Wie bin ich an oder auf den Esel gekommen?

Der Kauf meines Esels Paulo war einer der besten Käufe meines Lebens.

Wenn nicht der beste Kauf überhaupt.

Doch alles schön der Reihe nach.

Im Dezember 2007 fuhr ich mit einem italienischen Kreuzfahrtschiff von Málaga in Süd-Spanien nach Santos in Brasilien.

Sechzehn lange Tage dauerte die Überfahrt, und es gab viel Zeit zum Lesen.

Lesen und Blättern in Büchern ist seit Kindertagen eine meiner liebsten Beschäftigungen.

Dort auf dem Schiff hatte ich wieder einmal alle Zeit der Welt, um mich durch Buch um Buch zu arbeiten.

Eine richtige Bücherei gab es nicht an Bord, aber mehrere große Bücherkisten standen in einem kleinen Salon, und dort konnte man sich ganz zwanglos Bücher herausnehmen. Es gab eine vielfältige Auswahl in den verschiedensten Sprachen.

In einer dieser Kisten stieß ich auf das Buch von Robert L. Stevenson über seine Reise mit der Eselin Modestine durch die Cévennen.

Es handelte sich um eine deutsche Ausgabe. So wie der Zustand des kleinen Buches war, muss es durch viele Hände gegangen sein.

Beim Lesen dieser Reisebeschreibung wurde vermutlich der Samen für meine Eselleidenschaft gelegt.. Und das in einem völlig uneseligem Umfeld.

Auf einem großen Passagierschiff auf der Fahrt über den Atlantik.

Über tausende von Meilen kein Esel in Sicht...

Nach der Lektüre dieses Buches ließen mir die Esel keine Ruhe mehr.

Wieder und wieder gingen mir die langohrigen Grautiere durch den Kopf, die auf die mit ihnen beschäftigten Menschen angeblich die ihnen eigene Ruhe übertragen.

Und dazu konnte man noch mit ihnen noch wandern.

So etwas brauchte ich auch.

Bis zur Pensionierung war es damals nicht mehr allzu lange hin und die viele freie Zeit später musste ja irgendwie ausgefüllt werden.

Eine gewisse Unlust im Job hatte sich bei mir schon eingestellt und ich fühlte mich immer mehr zur Natur hingezogen.

Zur grünen Natur.

Zu den Bergen und Wäldern Mallorcas. Durch die ich damals schon häufig als Wanderer unterwegs war.

In der blauen Natur, der See, war ich mein ganzes Leben unterwegs gewesen.

Doch das suchte ich nicht mehr.

Jetzt wollte ich etwas völlig Anderes.

Im Mai 2009 stand ich auf Grund der vielen Arbeit und des Stresses im Berufsleben kurz vor einem Herzinfarkt.

Ich wachte um Mitternacht im Krankenhaus auf und wusste nicht, wie ich dorthin gekommen war. Freunde hatten mich gefunden und auf schnellstem Wege ins Krankenhaus gefahren.

Von den Ärzten wurde mir dann gesagt, es wäre das erste Anzeichen eines Herzinfarkts gewesen.

Gesundheitlichen Schaden habe ich durch diesen Vorfall nicht genommen, aber es gab mir stark zu denken.

Ich musste mein Leben ändern. Weniger Arbeit. Mehr Freizeit.

Und diese Freizeit in einem ruhigen und natürlichen Umfeld verbringen.

Weg von der See und den Schiffen.

Etwas Neues machen und (er)leben.

So kam ich wieder auf die Esel.

Von diesem Moment an sah ich es alles ganz klar.

Ein Esel musste in mein Leben.

Nur hatte ich wenig Erfahrung mit Eseln.

Ich hatte aber schon ein paar Wochen vor diesem Erlebnis

an einem Grundkurs zur Eselkunde teilgenommen. So ganz grün war ich also nicht mehr.

Jetzt musste ich meine Eselkenntnisse vertiefen.

In Süd-Frankreich nahm ich dann an einer geführten Eselwanderung teil. Genau dort, wo auch Stevenson mit seiner Modestine gewandert war.

Nach Abschluss der Wanderung in der Gruppe mietete ich mir noch alleine für ein paar Tage einen Esel und machte Tagestouren mit ihm.

Ich wollte möglichst viel Eselpraxis erwerben.

Häufig war ich auf Mallorca unterwegs auf der Suche nach Eseln.

Überall, wo ich Langohren erblickte, hielt ich dann an und sprach mit den Leuten, die mit den Tieren zu tun hatten.

Las Bücher über Esel ohne Ende.

Mein Wissen nahm langsam zu. Ich besuchte das jährliche Treffen der deutschen Esel – und Muli-Freunde in Forst bei Bruchsal.

Diese drei Tage bei den Eselbesitzern waren wie ein Intensivkurs in Eselkunde.

Und ich stellte gleichzeitig fest, wie nett alle Eselleute sind.

In so einer Gemeinschaft mit den gleichen Interessen fühlte ich mich wohl.

Ich war auf der richtigen Schiene mit meiner Eselidee.

Jetzt brauchte ich nur noch einen eigenen Esel.

Ich scheute aber immer noch ein wenig vor der Verantwortung für ein Tier zurück.

Als Seemann hatte ich niemals ein eigenes Haustier besessen. Es ging einfach nicht. Kein Hund, keine Katze und keinen Wellensittich. Nichts Tierisches.

Es hatte einfach nicht in mein Leben gepasst.

Aber jetzt war der Zeitpunkt gekommen. Jetzt oder nie.

Ein Esel musste gekauft werden.

Meine ursprüngliche Idee, noch bis zur Pensionierung zu warten, verwarf ich.

Es dauerte mir dann doch zu lange.

Der Esel musste jetzt schon her.

So machte ich mich auf die Suche.

Von Freunden und Bekannten, die von meiner Idee und meinen Plänen wussten, erhielt ich Tipps zu Eseln, die zu verkaufen oder zu verschenken waren.

Das war aber alles nichts für mich. Mehrmals besuchte ich Eselbesitzer, die ihre Tiere verkaufen wollten. Loswerden wollten, deutlicher ausgedrückt.

Es war kein einziges Tier dabei, welches mir gefiel.

Ich wollte auch keinen Notesel. Ein Tier, das durch viele falsche Hände gegangen war und nun irgendwo verstört vor sich hin vegetierte.

Dann wäre ganz sicher wieder Stress und Extraarbeit auf mich zugekommen.

Ich wollte Ruhe und Frieden mit einem Tier.

Mit meinem schon angesammelten Wissensschatz wusste ich inzwischen ziemlich genau, was ich brauchte.

Einen nicht zu alten Esel. Noch jung genug, um ihn zu formen und zu erziehen.

Am besten einen Wallach. Ein lenkbares Tier für meine Pläne zum Wandern.

Diesen letzten Rat erhielt ich von Xisco Segura, dem Präsidenten der mallorquinischen Eselzüchtergemeinschaft. Mit ihm hatte ich telefoniert und ihm meine Idee erklärt.

Das es ein Esel der mallorquinischen Rasse oder balearischen, wie sie seit einigen Jahren heißen, sein sollte, war mir auch schon länger klar.

Es sind sehr hübsche Tiere. Sie gehören zur Insel. Sind Einheimische und damit dem Klima und dem Futterangebot angepasst. Sie wissen, welche Kräuter sie fressen dürfen und welche nicht. Welche Pflanzen für sie giftig sind.

Eine Sorge weniger für mich.

Ich nahm Kontakt auf mit dem Büro von IBABSA in Sineu.

Von dort wurden damals noch die einheimischen Tierrassen beaufsichtigt, und man hatte eine Liste von Eseln, die zum Verkauf standen.

So kam ich Anfang Dezember 2009 an den Züchter Jaume Tomàs in Banyalbufar.

Er hatte einen zweijährigen Hengst, den er verkaufen wollte.

Gleich am Tag nach dem ersten Telefongespräch fuhr ich mit einem Freund nach Banyalbufar. Ein Tag, der für eine Tierbesichtigung absolut ungeeignet war.

Es stürmte an der Westküste. Es schüttete wie aus Kübeln.

Vor lauter Regen und Wind konnte ich nicht einmal Fotos machen.

Aber ich wollte keine Zeit mehr verlieren. Ich wollte einen Esel hier und jetzt.

Nach einer kurzen Besichtigung von Paulo, der damals natürlich noch nicht so hieß, auf der Weide, wo er mit seiner Mutter stand, flüchteten wir wieder in das nahebei liegenden Hotel von Jaume und machten den Kauf perfekt. Der Preis war O.K...

Die Papiere waren in Ordnung. Das Tier, das ich nur ein paar kurze Momente auf der stürmischen Weide gesehen hatte, gefiel mir.

Das mag jetzt alles ein bisschen leichtsinnig klingen.

War es wohl auch. Im Nachherein betrachtet.

Das Ergebnis war aber vom Feinsten.

Einen besseren als Paulo hätte ich nicht finden können.

Aus- und Weiterbildung im Zusammenhang mit Eseln, Maultieren und Arbeitspferden und im Naturschutz

Mehrtägiger Eselgrundkurs im Eselpark Nessendorf in Holstein

Geführte Eselwanderung in den Cévennen

Workshop „Natural Horsemanship im Umgang mit Eseln" in Köln bei Elke Willems in der Eselschule.

APRI Grundkurs „Arbeiten mit Pferden" auf dem Demeter Hof Hollergraben in Holstein bei Klaus Strüber.

Mehrtägiger Kurs „Landbearbeitung mit Mulis", ausgerichtet von APAEMA , Vereinigung mallorquinischer Öko - Landwirte, in Sant Llorenç/Mallorca.

Mehrtägiger Workshop „Hufpflege und Bearbeitung bei Eseln".
Durchgeführt von Thekla Friedrich in Hüsby, Schleswig.

Mehrtägiger Kurs zum Richter für die balearische Eselrasse in Sineu, Mallorca.
Ausgerichtet von SEMILLA, Son Ferriol , Mallorca.

Mehrtägiger Workshop „Brandverhütung in Waldgebieten durch Beweidung mit Eseln und Maultieren". Ausgerichtet durch Natura Park in Santa Eugenia/Mallorca und Vereinigung der balearischen Eselzüchter.

Mitglied bei IGEM. Vereinigung der Esel – und Maultierzüchter in Deutschland. Regelmäßiges Schreiben von Artikeln für die Vereinszeitschrift „Eselpost".

Mitglied bei ABA. Vereinigung Baumfreunde Balearen. Regelmäßige Teilnahme an Fortbildungskursen über Baumpflege und freiwillige Mitarbeit bei diversen Wiederaufforstungsprogrammen.

Mehrtägiger Kurs „Erste Hilfe in den Bergen" bei Esports85 in Palma.

Kurs geleitet von Mitgliedern der Bergrettungsgruppe der Guardia Civil und professionellen Krankenpflegern.

Mehrtägiger Workshop „Bau von Trockensteinmauern" bei „més que pedra" in Sencelles, Mallorca.

Restaurierung von Marjades, Trockenmauern an Berghängen, mit der Kulturgruppe in Calvià, Mallorca.

Restaurierung von Trockenmauern in Eigeninitiative

und Mithilfe bei landwirtschaftlichen Arbeiten, Beaufsichtigung von Eseln, Maultieren, Pferden und Kühen, Baumpflege, Aussaat und Erntearbeiten auf der Finca Es Burotell, Mallorca.

Restaurierung von traditionellen Landmaschinen, Ackergeräten und Karren.

Ende

Und zum Abschluss noch ein, von einem Freund mir zugeschicktes, leicht modifiziertes Zitat von Schopenhauer als Lobpreis auf alle Esel dieser Welt:

„Dass mir der Esel das Liebste ist, sagst du, oh Mensch, sei Sünde, doch der Esel bleibt mir treu im Sturme, der Mensch nicht mal im Winde"

Erklärungen zu spanischen und mallorquinischen Ausdrücken

L´ase - der Eselhengst

Bienvenido al faro de Formentor - Willkommen am Leuchtturm von Formentor

Que pase momentos muy bonitos - erlebe sehr schöne Momente

Bon camì i bona arribada - Guten Weg und gute Ankunft

Buena caminata - Guten Weg

Buenos dias - Guten Tag

Café con leche - Kaffee mit Milch

Camì des conill - Kaninchenweg

Campo - Land im Sinne von Weide oder Ackerland

Carritx - Diss, hartes Süßgras

Cintas - Kleine bunte, zusammengesteckte Stoffbänder, die in den Klöstern verkauft werden

Coca de trampó - Mallorquinische Pizza mit Gemüse belegt und auf dem Blech gebacken

Cocaroi - Teigtaschen mit Gemüse gefüllt

Conill - Kaninchen

Dimonis - Teufel

Ermitaño - Einsiedler

Fuet - Harte Trockenwurst

Gató de almendras amb gelat - Mandelkuchen mit Eiskrem

Granja - Bauernhof

Habitaciones - Zimmer

Hasta ahora - Bis gleich

Hombre con espiritu - Mann mit (Unternehmungs-) geist

Li desitjam un bon viatje - Wir wünschen Ihnen eine gute Reise

Mamá un ase - Mama, ein Esel!

Mon cor estima un abre! Mes vell que la olivera - Mein Herz liebt einen Baum! Älter als die Olive, ...

Mucha suerte - Viel Glück!

Olives trencades - Mallorquinische Einmachart, wobei die Fruchthaut aufgebrochen wird

Pa amb oli - „Brot mit Öl" - wörtlich übersetzt. Zumeist wird es aber mit Käse oder Schinken oder beidem zusammen belegt

Picarols - Glocken, die die Schafe, Kühe oder Esel am Hals tragen

Possessió - Großes Landgut, auch Finca

Hombre, que aninmal tienes - Mann, was hast du dafür ein Tier!

Senyera - Flagge mit vier roten Streifen auf gelbem Grund. Flagge von Aragon, Catalunya und Valencia

Serra - Gebirge auf Mallorca. Eigentlich Serra de Tramuntana. In Gesprächen aber oft nur Serra (spanisch: Sierra) abgekürzt. Die Serra de Tramuntana ist von der UNESCO als Natur-Welterbe anerkannt.

Sois unos valientes - Ihr seid aber mutig!

Somera - Eselin, wird auf Mallorca oft allgemein für Esel gebraucht

Son burros - Sind Esel. Auch in Spanien wird der Esel oft als dumm oder störrisch angesehen. Das Gegenteil ist aber der Fall...

Quelys - Harte, salzlose mallorquinische Cracker

Que ase més gros - Was für ein großer Esel!

Que ase més guapo - Was für ein schöner Esel!

Traginer - Esel- oder Maultierführer. „Säumer" auf Deutsch

Tomeu que? Welcher Tomeu? - Tomeu ist ein häufig vorkommender Vorname auf Mallorca

Tortilla - Flaches Omelette mit Kartoffeln

Tranquilo hombre. Decansa. - Ruhig Mann. Ruh´ dich aus!

Urbanización - Wohnsiedlung. Manchmal auch Urbanisatzió geschrieben

Virgen de Lluc - Die Jungfrau von Lluc

Die neue Edition von aktuellen und historischen Reisebüchern als E-Books und Taschenbücher aus dem **Reisebuch Verlag**

Weitere Titel im Buchshop!
www.reisebuch-verlag.de/programm
https://www.facebook.com/reisebuch.de
https://twitter.com/Reisebuch

Printed in Germany
by Amazon Distribution
GmbH, Leipzig